食と文化の世界地図

佐原 秋生
大岩 昌子

名古屋外大新書 01

はじめに

世界の食と文化……食べる・見る・考える

台北の喧騒のなかで食べ歩きした蛋餅《ダンピン》、シンガポールの屋台で味わったマンゴーのかき氷、シドニーでツリーの形で現れたシーフード、コルシカ島でぶらついたマルシェのチーズ……。どれも珍しいものではありませんが、こうした旅で出会った食べ物と、それにまつわる場面は、異文化の鮮やかな記憶として、今でも色あせることなく私の脳裏に甦ってきます。

人は食とともにある、と言っても決して大げさではありません。誰もが食べなければ生きられないからです。ところが最近、大学の「世界の食文化」という講座を担当するにあたり、困ったことがありました。世の中にこれほど食情報があふれているにもかかわらず、世界の食文化全体を俯瞰できるような、手ごろな本を見つけることができなかったのです。それが、本書を執筆しようと決めた直接的な動機です。

ところで、食に興味を持ったのは、以前言語学を専門としていたころ、構造主義の父といわれるクロード・レヴィ＝ストロースの『食卓作法の起源』（みすず書房）を読んだことがきっかけです。その本には「料理の三角形」というモデルが提示され、「《火にかけたもの》は《生もの》の文化的変形であり、《腐ったもの》は《生もの》の自然の変形である」と解説されています。抽象的ではありますが、料理における自然と文化という二つの要素の対立は、その後、私が食を研究対象とするさいの指標となりました。

この本は、世界地図を一四地域に区分けして、その地理、自然、歴史的な観点を絡めながら、各地域の食と文化の特徴をほぼ等分に紹介しています。また、芸術、文化、社会などの分野と食とのかかわりを考えるコラムも収録しました。食べるだけでなく、見る、聞く、読む、考えるなどの人間のいとなみが総合されて「食文化」を形づくっていることへの、ある種のオマージュでもあります。

そうした本書のこころみをとおして、さまざまな食のあり方を知り、食がいかに広く、深く、私たちの生に関わっているか、あらためて認識していただけるのではないでしょうか。

全体は一四章から構成されていますが（執筆は各地域編が佐原、料理ページとコラムが大岩）、気になる地域のページを開き、楽しみながら読んでいただければ幸いです。そして、読者のみなさんと食への思いを共有できれば、それに勝る喜びはありません。

二〇一八年八月

大岩昌子

2. 中 国 P25
・北京ダック
・広東風すずき
1. 日 本 P11
・すし
・きりたんぽ鍋
13. 北アメリカ P201
・シーザーサラダ
・メイプル・シロップの
パンケーキ
3. 東北アジア P41
・九折板
・羊の丸煮
N
E
S
W
14. オセアニア P217
・パヴロヴァ
・仔豚の蒸し焼き
12. 南アメリカ P185
・トルティーリャ
・フェイジョアーダ

9. 西ヨーロッパ P137
・カスレ
・ウィンナー（ヴィーナー）シュニッツェル

7. 北ヨーロッパ P105
・ニシンのマリネ
・スキール（チーズ）

8. 東ヨーロッパ P121
・ボルシチ
・グーラッシュ（グヤーシュ）

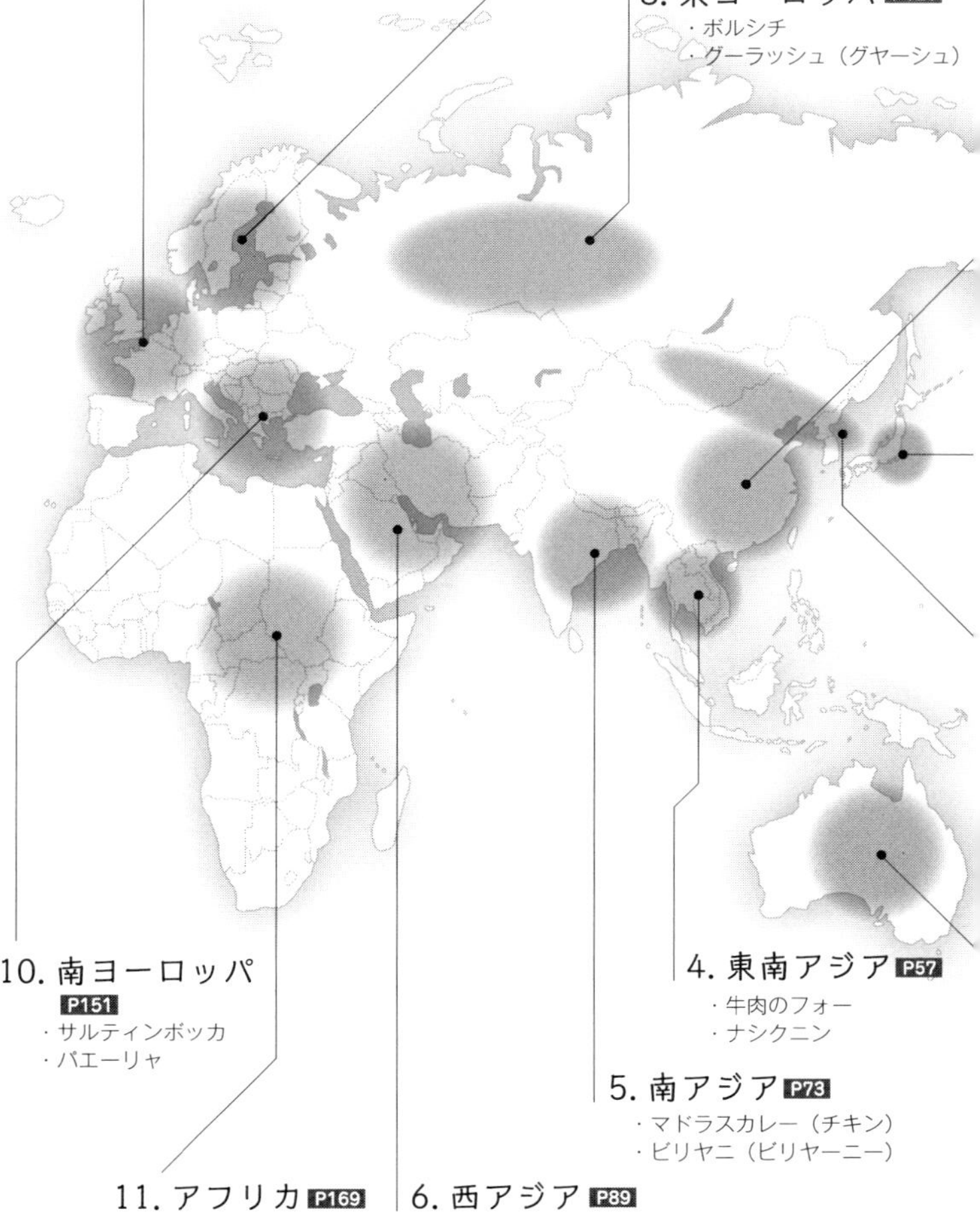

10. 南ヨーロッパ P151
・サルティンボッカ
・パエーリャ

4. 東南アジア P57
・牛肉のフォー
・ナシクニン

5. 南アジア P73
・マドラスカレー（チキン）
・ビリヤニ（ビリヤーニー）

11. アフリカ P169
・仔羊のクスクス
・仔羊のタジン

6. 西アジア P89
・サフランのアイスクリーム
・茄子のシシ・ケバブ

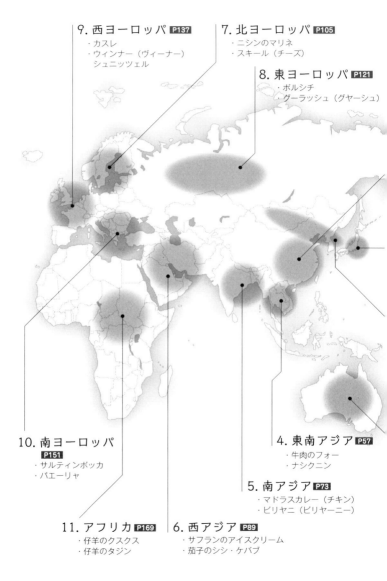

1 日本

陸地は狭く海域は広く

「小さな島国」？

どの地域の食もその自然環境によって大きく左右されるのは、いうまでもないところです。もちろん、日本の食も例外ではありません。この国の環境をザッと確認しておきましょう。

まずその位置です。図表1−1は、地球上の緯度を示しています。九〇度は極地で寒く、〇度は赤道で暑く、四五度はまあちょうどよい。乱暴に九〇〜六〇度を寒帯、六〇〜三〇度を温帯、三〇〜〇度を熱帯とします。北海道の宗谷《そうや》岬《みさき》は四五度、鹿児島県の屋久島《やくしま》が三〇度、沖縄県の石垣島《いしがきじま》で二五度、つまり日本は温帯のうち、暖かい南側半分にあります。概して寒すぎも暑すぎもしないわけです。

次にサイズです。私たちは自分の国を、決まり文句のように「小さな島国」と説明しますね。しかし三七万平方キロは世界六一位であり、全部で約二〇〇ある国々を大中小に三等分すると、ギリギリながら「大」のグループに入ります。それにあの、「排他的経済水域」があります。海岸から二〇〇海里（約三六〇キロ）までの、資源を独占的に取りあつかえる範囲です。ごく

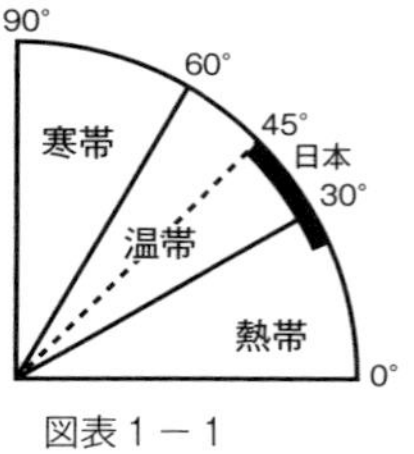

図表1−1
日本の緯度的位置

小さな島でもこの縄張りのモトになり得るため、帰属争いなど難しい問題が生じます。日本の水域は国土の一二倍もあって世界六位、国土と合算した陸海総合順位は、一二位になります。「小さな島国」とは言い切れません。

　そして土地柄です。七〇〇〇の島々からなり、全体のほぼ七割が森林で、本島近くで暖流と寒流がぶつかる、雨がよく降る国です。ときどき降りすぎて、困ることがあります。

米と魚と醤油

　日本の食を示すものとして、外国でもあげられる三点セットがあります。米と魚と醤油です。日本人のイメージは、「醤油をかけた魚をオカズに米のごはんを食べる人たち」、のようです。

　南中国原産の稲が日本に渡来したのは弥生時代の初め、紀元前三世紀と言われます。そのころは、芋や団栗《どんぐり》が主食でした。芋は太平洋の島々に共通するタロ芋、私たち的には里芋《さといも》です。夏作物の米は温帯南半分のこの土地に定着し、人々はそれをさまざまに加熱して食べました。

煮たのは柔らかくて粥《かゆ》、今のおかゆ
煮て蒸したのは少し堅いから堅粥、今のごはん
蒸しただけのは堅くて強いから強飯《こわいい》、今のおこわ
蒸して固めたのは持飯《もちいい》、今のおもち
蒸して干した干飯《ほしいい》または乾飯《かれいい》は、水で戻す携行食

米は高級品であり、皆がいつも食べられたわけではありませんが、庶民の願望も含め、日本の食の中心をなしてきました。

魚はよく獲れ、よく食べられます。排他水域以前に何せ島国で、海岸線が複雑かつ長いのです。カナダ、ノルウェイ、インドネシア、ロシア、フィリピンに続く六位の長さは、オーストラリア、アメリカ、中国を上廻ります。

海岸線が長ければ、一般に海産物が豊富です。まして温帯で、暖流も寒流もあります。昔から魚に親しんでいる日本人は、魚についてきわめて意識的

であり、それは魚の名前が多いことに端的にあらわれています。すし屋の湯呑みは、魚偏の字でにぎやかですね。モンゴル語には馬を表わす単語が何十ある、イヌイットの言葉には雪を指す単語が何十ある、などと聞いたことがあります。それだけ関心があるというか、使い分ける必要があるのでしょう。日本語においては対象が魚であり、名前が多いのは、それぞれの種類を区別して認識している証拠です。たしかに魚は、日本の食を特色づけています。

直木賞作家の深田祐介《ふかだゆうすけ》さんは、よく「日本人は民族的に醤油中毒だからなあ」と言っておられました。「いつでもどこでも何にでも」醤油を使いたがるのだそうです。昭和天皇が食事されたので有名なパリの「トゥール・ダルジャン」で、日本からのお客が弁当用の魚形ミニ容器の醤油を鴨料理にかけるのを目の当たりにしたとか。

ご承知のとおり、醤油は発酵食品です。発酵とは「微生物の働きで食品成分が変化する」現象です。人間にとって具合が悪い変化をする場合は、腐敗と呼ばれます。同じ現象に対する差別的（?）表現です。発酵は雨の多い、湿度の高い場所を好みます。適した環境の日本では、さまざまな発酵食品が工夫されました。その中心は醤《ひしお》（塩漬け発酵食品）です。

米や豆を発酵させたのが穀醤《こくびしお》で、味噌や醤油
野菜や海藻なら草醤《くさびしお》で、各種の漬物
肉や魚なら肉醤《ししびしお》で、しょっつるや塩辛

ついでながら、魚に塩を加えて飯の中で発酵させたのが鮓《すし》です。おなじみの「握り」は、江戸の後期に始まった食べかたであり、本来の「すし」は琵琶湖名物の鮒鮨《ふなずし》みたいな、馴《な》れ鮨《ずし》のことです。そうするとごはんが酸っぱくなるので、「酸《す》し」というわけです。発酵食品も日本の食を特色づけており、醤油はその代表です。

各地の名物料理は

食の地方色を知るには、各地の名物料理を調べるのが手っとり早いでしょう。二〇〇七年に農林水産省が、「人気投票の形で広く国民の皆様にうかがっ

たご意見を参考に」、郷土料理百選を発表しました。四七の都道府県から、二つか三つずつ選んでいます。そのなかで知名度全国区クラスを、図表1－2にまとめました。地方色がうかがえるでしょうか。

県単位での細かさはさておき、日本を東西に二分して、大づかみに対照することがよくあります。

東	豚肉、そば、寒流魚、濃口醤油、ごま油、赤味噌
西	牛肉、うどん、暖流魚、薄口醤油、綿実油、白味噌

どこが東西の分岐点かについては、定説がありません。フォッサマグナ（糸魚川―静岡構造線）で分ける説が有力です。けれども、そのような自然科学的な線引きより、それこそ東西両軍による天下分け目の関ヶ原で分けるほうが、多くの面で説得的な気がします。

北海道	ジンギスカン
岩手	わんこそば
秋田	きりたんぽ鍋
茨城	そぼろ納豆
東京	深川丼
石川	治部煮
山梨	ほうとう
長野	信州そば
静岡	うなぎの蒲焼き
滋賀	ふな寿司
京都	京漬物
大阪	箱寿司
香川	讃岐うどん
高知	皿鉢料理
長崎	卓袱料理
沖縄	ゴーヤーチャンプルー

図表1－2　各地の名物料理（農水省「郷土料理百選」より）

茶の心・雑食性・切る調理

日本の料理の歴史は、日本の歴史とともに長いはずです。日本の歴史は、例の卑弥呼が魏に使いを出した二三九年から数えても、一八〇〇年あります。しかし今の食を考えるのに、そこまでは不要でしょう。司馬遼太郎は「武家政権成立の以前と以後では全く別の国」と書いていますし、内藤湖南は「今日の日本を知るためには、応仁の乱（室町時代）以後の歴史を知って居ったらそれで沢山」と述べています。

食の分野ではその室町時代に、今日にまで影響を残す「本膳料理」が成立しました。アペリティフ（食前酒）コースの式部《しきぶ》、食事コースの膳部《ぜんぶ》、ディジェスティフ（食後酒）コースの献部《こんぶ》からなる、武家貴族の宴会形式です。

式部では「式三献《しきさんこん》」と称してまず三杯飲み、それが今の三々九度とか「かけつけ三杯」につながっています。膳部には、メインのお膳（一の膳）のほかにサブのお膳（二の膳以下）があり、「二の膳つき」が豪華な食事の代名詞になりました。献部はいわば二次会です。現代でもちゃんとした宴席は、二次会なしでは納まりがつきません。

続く安土桃山時代での最大の出来事は、「懐石料理」の登場です。「簡素」の美感、材と演出の季節感、茶事の「一期一会」感、切り詰めたコース（一汁三菜）は、今日の日本料理の主調低音をなしています。

戦いがない次の江戸時代では、食の主役は町人たちでした。本膳料理から格式ばった部分を除き、それに懐石料理から茶事関連の要素を取り去って合体させた「会席料理」が、その宴会形式です。現在の「和食」はこの会席パターン（前菜・吸物・刺身・酒肴・焼物・煮物・酢物・味噌汁）、またはその簡約形をとっています。

明治は「洋食」、大正は「中華」、昭和はアメリカ料理を取り入れた時期です。そして平成はグローバリゼーションの下、エスニックでもフュージョンでも、何でもありの百花繚乱です。戦国時代には「南蛮」のテンプラやカステラ、鎖国時代にも卓袱《しっぽく》料理や普茶《ふちゃ》料理、好奇心じゅうぶんに受けいれてしまうこの雑食性が、料理分野での日本の大きな特徴と言えるでしょう。

こうした歴史を貫いているのは、雨と森と急峻な国土がもたらす、豊かで質のよい水です。この水が、炒める揚げるではなく煮る茹でるの調理法を発達させたし、何よりも洗うというフシギな、他の地域の「加熱こそ調理」と

の常識に反する、加熱なしの調理を育てました。そこでは調理の中心は切る作業です。いかに切るかの包丁芸は、この国の調理で古くからもっとも重んじられてきました。加熱のためのストーブの前で鍋をかざすシェフではなく、切るためのまな板の前でナイフを振るう「板前」が、日本では料理長を指す言葉なのです。

日本

代表的な料理

すし……「寿司」「鮨」「鮓」。一〇世紀に成立した『延喜式』にその原型が見られる。

江戸時代中期、「酸っぱいのでスシと称された」という説あり。

種類は、握り、巻き、稲荷、ちらし、押し、五目など。

近年では世界的にも広まり、各文化圏で「創作ずし」がつくられている。

「WORLD SUSHI CUP JAPAN」も開催されている（農林水産省主催）。

イラストは握りずし。ネタは魚介、卵、かんぴょう、漬物など多様。

きりたんぽ鍋……きりたんぽ（切蒲英）。秋田県の郷土料理。
米のごはんをつぶして杉の棒に巻き付けて焼いたのが、たんぽ餅。
鶏（比内地鶏）がらのだし汁に入れて煮込んだものが、きりたんぽ鍋。
種々の食材を用い、地方によってもいろいろな食べかたがある。

おいしい小説

文学にみる食

日本でも世界でも、文学作品には食事のシーンがかならずといっていいほど出てきます。人間の日々のいとなみを描く文学に、人が生きるために必要な食が登場するのは当然ですね。人がいれば、そこに食は存在するからです。そういう意味でも、文学と食は切り離せないテーマといえるでしょう。

たとえば『万葉集』『源氏物語』から『吾輩は猫である』まで、古今の日本の名作にも、食べ物・食べることは、いろいろ描かれてきました。しかしここではちょっと視点を変えて、フランスの例を取りあげてみることにしましょう。

アルフォンス・ドーデ（一八四〇－一八九七）という作家がいます。出身地である南フランスをほうふつとさせる『風車小屋便り』で、よく知られていますし、彼の『アルルの女』という戯曲は、《カルメン》を作曲したジョルジュ・ビゼーによってオペラ化されました。

その直後に出されたのが、アルザス地方の歴史的悲劇を描いた「最後の授業」で有名な『月曜物語』という短編集です。この作品は、日本でもとても人気があります。ドーデは、リヨンからパリへと移動して作家活動を始めますが、その後も南フランスは彼の心をとらえて離さなかったようです。

この『月曜物語』に収録された「味覚風景」という短編には、タイトルどおり、美《お》味《い》しそうな食の表現が見られます。

「大きなパンの切れが赤土の小皿に盛られる。鍋を囲んで皿をさしだし、鼻をぴくつかせる。……こんなおいしいエビのブイヤベースを食べたのは初めてだ。」（桜田佐訳、岩波文庫版を多少改変させていただきました）

ブイヤベースは、もともと商品価値のない魚を煮るだけの漁師料理でしたが、一九世紀にマルセイユが観光地化するとともに、洗練され、名物料理となっていきます。材料は、カサゴやホウボウなどの魚類、玉ネギ、じゃが芋やトマトなどの野菜、そしてパセリ、フェンネルなどのハーブ類。

私がマルセイユの海沿いのレストラン「フォンフォン」に出かけたのは、黄色い小さな花がかわいいミモザの咲くころでした。同じ南フランスの海辺の街マントンでは、レモン祭りが行われています。レモンと地中海の対照的な色合いを、作家ドーデも見ていたに違いありません。

レストラン「フォンフォン」で提供されたブイヤベースは、まずスープ皿が運ばれ、そこに魚のスープが注がれました。具はまったく入っていません。濃いオレンジ色のスープをスプーンですくうと、上品な海の香りが漂ってきます。好みで、ニンニクと油からなるマヨネーズのようなアイオリをいれたり、バゲットを浸したりしていただきます。盛岡の「わんこそば」風とでも形容しましょうか、飲み終えると次のスープが注がれ、断るまで続いていきます。フランスにも、こんな食べ方のスタイルがあるのですね！

飲み終えるころ、魚の盛り合わせがどっさりとサービスされます。スープで膨れてしまったお腹には、少々ハードな量でした。

ところでスープを、音を立てずに飲む方法をご存じでしょうか。ぜひ、太宰治の小説『斜陽』の冒頭を読んでみてください。そこに、ヒントを見つけることができます。

2

中国

国も大きく歴史も長く

千万平方キロと四千年

日本はかならずしも「小さな島国」ではない、と申しましたけれども、中国は間違いなく大きな国ですね。九六〇万平方キロは、日本の二六倍です。ヨーロッパ全体とほぼ等しく、カナダとアメリカそれにサハラ砂漠も、この「千万平方キログループ」に属します。国土は温帯の北限近くから熱帯にまで広がっています。

住んでいるのは九割が漢族、一割が公式には五五あるとされる少数民族です。一割としても、日本の全人口と同じです。南方のチワン族のほか、西方にウイグル族とチベット族、北方にモンゴル族と回族《かいぞく》の自治区があり、計五つで国土の四四%を占めます。自治区とはかなりの程度まで、自分たちで物事を決められる地域のことです。

ヨコにも広いですがタテにも長く、伝説上の夏王朝の成立から数えて、「中国四千年」と言われます。この間、漢族がずっとこの国を治めてきたわけではありません。むしろ、漢族の王朝と言いきれるのは漢と宋と明くらいであって、それ以外は北方や西方の民族が入りこんだ政権でした。万里の長城は、彼らの侵入を防ごうと築かれた壁です。

西方民族が嫌ったため犬肉を食べなくなったとか、遊牧民が持ち込んだチーズなどの乳食品は農耕民には好まれなかったとか、日本と同じく横向きに置かれていた箸を、騎馬民族はナイフと同様に縦向きに置き、それがそのまま定着したとか、食の面でも反撥や融合を繰り返しました。今から一〇〇年前までの二七〇年間つづいた清は、東北の満州族の王朝です。中国料理の豪華な宴会に、満漢全席というのがありますね。満族と漢族双方の料理を一〇八種ずつ、劇を見たりゲームをしたりしながら、何日もかけて楽しむ形式です。

南稲北麦、四大菜系

広い中国は、よく南と北に分けて説明されます。有名なのは「南船北馬」ですね。揚子江（長江）を中心とする南部には、自然の川も運河も多く、輸送には船が便利であり、黄河を中心とする北部では、水運が発達せず、移動はもっぱら馬によったからです。

食の分野では、南稲北麦とでも言えましょうか。暖かい南部の主食は基本的に夏作物の米であり、涼しい北部では基本的に冬作物の麦なのです。米は脱穀後に胚芽を取り除き、粒を蒸して食べます。小麦は脱穀すると砕けるので、粉に挽いて練って焼きます。北ではもともとは大麦や雑穀を粒のまま食べていたところ、西域から小麦が伝わり、粉食が広まりました。ですから、南粒北粉とも言えるわけです。たしかに南の方では米料理が、北の方では麺や饅頭が目につきます。南はチャーハン、北はラーメン・ギョーザ、とイメージすればよいでしょう。

料理については、「菜系」が語られます。菜は料理、系は系統です。地方別の料理系統、四川料理や広東料理という、あれです。大きく一〇の地方に分ける「十大菜系」や、五つにまとめる「五大菜系」などが挙げられます。ここではさらに絞って、東西南北の四菜系をお話ししましょう。中国では南北東西の順が普通らしいですね。

「南」は香港島の対岸、広州周辺の広東料理です。広州は「生在蘇州、衣在杭州、食在広州、死在柳州」とあるように、食の本場とされます。ついでながら、「死ぬなら柳州」の柳州は材木の名産地で、棺桶ならココ！の意味だそうです。広東料理は食材も調理もさまざまで、材工多彩と形容されます。例の飲茶《ヤムチャ》もこの地域の名物です。中国料理としては油が少なく、味は淡白、そのため「南淡」と言われます。

「北」は北京料理です。本来の北京料理の名物は、あの北京烤鴨《ダック》と羊のしゃぶしゃぶくらいでしょう。少数民族の料理と、首都なればこその宮廷料理と、そして近隣の山東料理とが、今の北京料理を構成しています。北の味つけは塩からいため、「北鹹《ほっかん》」と言われます。日本語の「からい」には、塩からいのとピリからいのと、二つが含まれますね。「激辛！」の辛さのほうは、味ではなく刺激です。鹹は味としての塩からさです。

「東」は上海料理です。川や湖が多く、目の前が東支那海であり、中国料理としては魚介が目立ちます。上海蟹は有名ですね。油は多め、味つけは濃厚、酸味とともに砂糖を使って甘酸っぱいのが特徴です。酢豚を思い浮かべればわかります。英語でスイートアンドサワーポークです。現在の日本では、中国料理のわりには淡白な広東料理が人気ですけれど、かつては上海料理が主流でした。この地域の出身者が、数多く日本に来ていたのです。東の味は、

サワーのほうを採《と》って「東酸」と言われます。

「西」は、内陸の成都を取りまく四川料理です。「酸辣《さんらつ》（酸味と唐芥子）麻香（花椒の香り）強油（油タップリ）」と評されます。「広東は庶民料理、北京は宮廷料理、上海は裕福料理、四川は貧民料理」などという人もいますが、一九五三年に来日した陳建民が初めて紹介して以来、日本でも広く人気を集めています。代表の麻婆豆腐を知らない人はいないでしょう。西の味は、トゲ・チクとした唐芥子と山椒がスターということで、「西辣《せいらつ》」と言われます。

以上の四つがメジャーな菜系であり、福建菜、山東菜、揚州菜、湖南菜などは、それぞれのサブ分類になります。これらに含まれないものとしては、精進料理の素菜、イスラム系の清真菜、ジンギスカン他のモンゴル料理があります。

火の料理、そして乾貨

中国はフランスと並ぶ料理の本家とされ、その料理には敬意が払われています。それは何といっても、中国料理が「火の料理」だからでしょう。大原則として、料理とは加熱すること、火によって食材を安全で・食べやすく・おいしくすることだと、多くの人が考えているのです。

「料理する」に当たるフランス語のキュイールを仏和辞典で引いたら、第一に「(食物に) 火を通す」と出ていました。英語のクックも同じく、第一義は「(火にかけて食物を) 料理する」とあり、ドイツ語コッヘンに至っては、ストレートに「煮る」でした。ヨーロッパでは、料理するイコール火を通す、なんですね。

中国料理はとにかく火を通す。場合によっては、炒めてから煮たり、茹でてから焙《あぶ》ったり、重ねて火を通す。だから外国でも、賛意と敬意を集めるのだと思われます。各地方の特色「地方色」にならって、全体の特色を「全体色」と呼ぶとすれば、中国料理の全体色はまず、それが「火の料理」だという点です。

火の通しの重視は、調理における加熱法の字の豊富さに顕《あら》われています。語の豊かさが関心の高さを示すのは、モンゴルの馬やイヌイットの雪を引き合いに、日本の魚について述べたとおりです。図表2－1に、加熱法を表わす字を例示しました。

気体	燻烟焙烤焗烘
液体	灼焼炆煨焓炖煀烩爛蒸燙煲
油脂	炒炸爆煸煎烹溜貼

図表2－1
媒体別加熱法の名称例

火はかならず何らかの媒体を介して食材に当たるので、その媒体別に三種に分けてあります。漢字ですから、ジッと見つめると想像がつくものもあるでしょう。つかないものは、辞典で調べてください。

あぶって乾かす烘、片面を煎り焼く貼、スープで長く煮る炖、いろいろ楽しいですよ。焼は焼くのではなく「煮る」、北京烤鴨に含まれる烤は「幅射熱を通す」、焗は「オーヴンで加熱する」、そんなところまで区別して字を宛てているのか、と思わせます。

全体色のもう一つは乾貨《かんか》です。乾貨とは中国料理で多用される乾物、乾燥食品のことです。貝柱や海老にはよくお目にかかりますし、四大海味と呼ばれる高級食材「鮑参翅肚《ほうさんしど》」は、それぞれアワビとナマコとフカヒレとウキブクロの乾物です。

乾物は乾かしてあるので腐らない、軽いから運ぶのに便利、そして何よりも、別の味わいを生み出して、中国料理を彩ります。乾物のおかげで内陸の地でも海産物が味わえるし、外国でも本場の高級中国料理を容易に演出できるわけです。仮に乾貨がなかったとしたら、中国料理はずいぶんと寂しいものになるに違いありません。早い話、中国料理の精華とも呼ぶべき「鱶ひれの姿煮」にありつけなくなってしまいます。ついでながら、日本は江戸時代から中国に乾貨を盛んに輸出しましたし、今でもしています。

これら二つの全体色は、中国料理の本質である複雑さ好みが表出した結果といえるでしょう。

黄酒と白酒

一般的に、お酒には大きく分けて四種類あります。材料中の糖分に酵母を加えてアルコールに転換した、つまり醸造したのが醸造酒。そこから水分を飛ばして、つまり蒸留してアルコール度を高めたのが蒸留酒。それら両者をいわば混ぜたのが酒精強化酒。ほかの混ぜものをしたのが混成酒。ビール、ウィスキー、シェリー、カクテルが、それぞれの代表です。混ぜたほうの二種類は別として、中国の醸造酒は黄色っぽいので「黄酒」、蒸留酒は透明なので「白酒」と呼ばれます。

黄酒は米が原料で、アルコール度は日本酒並みの一六度前後、白酒は高《コー》粱《リャン》などが原料で、ウィスキー並みの四〇度以上、往々にして六〇度くらいあります。老酒《ラオチュウ》というのは古い黄酒の意味であり、酒の名前ではありません。三年も経っていれば、もう老酒と称するようです。また紹興酒は、上海の南西約一五〇キロの、浙江省紹興産の黄酒の意味であり、これも酒の名前ではありません。日本酒の「灘の酒」みたいなものです。これらの関係を図示すれば、図表2－2のようになります。

同様に、有名な茅台《マオタイ》酒は、四川盆地南方の貴州省仁懐市、茅台鎮産の白酒の意味であり、これも酒の名前ではありません。一九五一年に中国の「国酒」とされ、あらたまった宴席での例の「乾杯《カンペー》！」は、茅台酒でするのが普通です。当然ストレートで、何せ六〇度だったりしますから、調子に乗ってカンペーを重ねているとエライことになります。

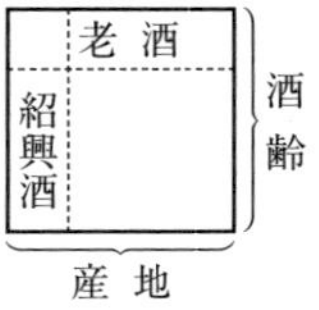

図表２－２
黄酒の内訳

中　国

代表的な料理

北京ダック（北京烤鴨　ベイジンカオヤー）……アヒルの丸焼き。
北京産のアヒルに熱湯をかけ、水飴を塗って風干しし、あぶって焼く。
皮をそぎ、ネギやキュウリの細切りと甜麺醤（テンメンジャン）とともに、
薄餅（バオピン）に包んで食べる。

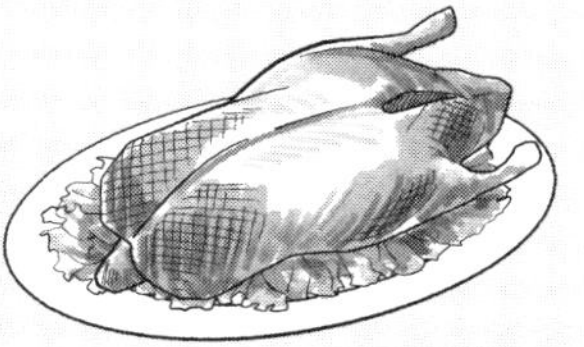

広東風すずき……白身魚の蒸しもの。
すずきのほか、めばる、かさご、鯛、ひらめなども使われる。
中国酒や中国醤油（姜葱醤《ジャンツォンジャン》ほか）を調味料として用いたりする。

食には国境がない、のか

人にみる食

大学生を海外での語学研修に引率したときのこと。スーツケースの中にレトルトパックのご飯と、フリーズドライのお味噌汁を大量に詰めてくる学生が多かったことに、とても驚かされた覚えがあります。たしかに大半が海外は初めてという若者たちですから、異文化体験を前に慣れた味覚を携帯したのは、不思議なことではないのかもしれません。

二〇〇八年の北京オリンピックのさい、現地食品の販売促進策の一環として、オリンピック村への食品の持ち込みが禁止されたことがありました。この措置に対して、オーストラリア・チームから怒りが噴出したのです[1]。禁止されたのはベジマイト（発酵食品の一種）。オーストラリアの国民食ともいえる食べ物で、パンにバターのように塗って食べたりします。

この食品がないと最高のパフォーマンスができない、というオーストラリア選手の反発は、食べ物がたんにその美味しさを味わったり、栄養摂取を目的としたものではない、そして食に起因する心理的な作用が、アイデンティティの保持にも影響を及ぼす根本的な要素であることを表していると思われます。

いっぽう、世界中の都市で食習慣が多様化し、空輸や冷凍技術などの発達によって食材が手に入りやすくなった現代、いわゆる「グローバルな味覚」が生まれてきたことはたしかです。異文化同士の結びつき、料理をめぐる新たな試みへの関心、地球規模の広範な移住なども要因となり、二〇世紀初頭には料理を含むさまざまな文化が加速的にグローバル化していきました。

ニューヨークやパリ、ロンドン、東京などの大都市は、もともと「ふるさと」から離れてやってきた人々の集合体でもありますから、右のような昨今の事情を反映して食事にまつわるさまざまなできごとが起こります。それこそ中華風アラビア的なメキシコ料理などの「ミックス」メニューが次々と誕生、またシドニーで話題になったタイ料理店が東京に支店を出したり、といった具合です。寿司のカリフォルニア・ロールなどは、もう古典ですね。

歴史をひもといてみると、こうした食の交換は、とても古い時代から広範囲で行われていたことがわかります。一三世紀にはすでに、ユーラシア大陸と北アフリカのあいだが、強力な交易システムで結ばれていました。言語、文化、国境を超えたこのシステムのおかげで、香料やオリーブオイル、家畜などが取り引きされ、各地の食文化に新たな味が加わっていったのです。

このシステムは、一五〇〇年代初頭、ポルトガルがインド洋や南シナ海に進出する大航海時代の始まりごろまで、比較的安定した機能を果たしていきます。しかしそのあとは、植民地主義の台頭、二つの世界大戦、二〇世紀中期以降に起きた各植民地の独立など、大きな変化が地球全体を覆いました。

そして二一世紀がせまるころ、グローバル資本主義が経済そのものを動かすようになっていきます。こうしたあらゆる場面での世界的規模の変化は、今もなお、とどまるところを知らないのです。

さらに人間の移動は、地域に根ざした「本来の食」をすさまじい勢いで変化させ、新しい味覚の誕生につながっていきます。本来のかたちでの伝統料理・食文化など、もうどこにもありえないという言い方もされるくらいです。このように、地域の文化全体にまで大きな影響を及ぼした時代が、二〇世紀だったことはまちがいありません。

しかし一八世紀の中国でも、ある種のグローバル料理が誕生していました。例の「満漢全席」です。清王朝の宮廷料理の一つで、満州族と漢民族の二つの民族料理が合体され、洗練されたものです。中国という広大な版図の、東端から西域までの地域から選び抜いた素材を使っています。シルクロード沿いに広がる砂漠のラクダのコブ、東北部・吉林《きつりん》の熊の掌《てのひら》、東海のふかひれなど、一〇八種類、多いときには二〇〇種類以上の料理が宴席に並んだそうです。まさにエスニック風から海鮮料理までの当時の「世界料理」に、宮廷人たちはさぞ舌鼓を打ったことでしょう。洗練とは、ある特定の部分を先鋭化すると同時に、時空を超えるグローバルな要素を招き寄せるものなのかもしれません。

「文化、料理、人」は構造的な関係として見る必要がある、と主張する文化人類学者の今福龍太氏は、「世界の料理」という表現は、「世界料理」とすべきだと説いています。「世界料理」とは聞き慣れない言葉ですが、今福氏は、そもそも料理を「フランス料理」とか「イタリア料理」というように国籍に帰属させたのは、政治的な意図をもってつくられてきたフィクションにすぎないといいます。そんな行為じたいが根本的に違っているし、変化というのはつねに継続的に起こっていて、今の食の混沌状況は、私たちが料理体系を一つの国籍に無理やり帰属させてきたからに他ならない、というわけです。じっさい、「食のグローバル化」とは異なる次元において、食には国境がないという考え方は忘れてはならないと思います。

食文化とはけっきょく、人が個人レベルで、何を、どこで、どう食べるか、といった行為の集合体からつくられます。

今後、世界の食は「均一化」と「多様化」という、相反する二つの方向に向かって変化していくでしょう。しかし変化を受け入れつつも、豊かな多様性をより柔軟に守っていくために、小さな単位である家庭や教育機関、あるいは地域に根ざした食の伝統に関わる人々の活動が、いよいよ大切になってくると私は思います。

1　エイミー・グプティル『食の社会学―パラドクスから考える』NTT出版　二三頁

3 東北アジア 朝鮮半島とモンゴル

アルタイ・ファミリー

かつてはヨーロッパ中心主義的に「極東」と呼ばれた地域も、今では「東アジア」というニュートラルな名前に変わりました。今回はそのうちの北寄り部分、つまり東北アジアが対象です。国としては日本、韓国、北朝鮮、モンゴルが含まれます。ロシアはアジアに収まりきらないため、別に扱われるのが普通です。辞書には、「朝鮮」が「大韓民国と朝鮮民主主義人民共和国からなる地域の歴史的呼称」とありますから、ここではその地域を一括する呼称として、それを用います。日本はすでに見たので、お話しするのは朝鮮とモンゴルです。

この両地域の言葉は親戚どうしです。もとになっているのは、モンゴル西端のアルタイ山脈付近に起源を持つアルタイ語で、朝鮮語はそのうち東部のトゥングース系、モンゴル語は中部のモンゴル系に属します。まあ、従兄弟《いとこ》といったところですね。西部のトゥルク系は、中央アジアを通ってトルコにまで及んでいます。いや、トゥルク系が行ったからトルコがあるのです。日本語もトゥングース系の一端とされていますから、アルタイ語族は太平洋から地中海まで、東西九〇〇〇キロにわたって広がっていることになります。モンゴル出身のお相撲さんたちの日本語が達者なのは、言葉が親戚という部分もあるのでしょう。

朝鮮の面積は合計二二万平方キロ、北と南ほぼ半々です。ドイツの気候学者ケッペンの区分では、北は北隣のロシア部分と同じ冷帯夏雨型気候、南は黄海対岸の中国部分と同じ温帯夏雨型気候です。ちなみに日本は、それより南方部分の中国と同じ温暖湿潤型気候です。

私たちは日本史の時間に、高句麗《こうくり》・新羅《しらぎ》・任那《みまな》・百済《くだら》といった名称にお目にかかりますね。それらが一〇世紀前半に、高麗に統一されました。コリアはその高麗に発します。その後、一三九二年から一九一〇年まで、儒教を重んじる李朝が続きました。徳川時代の倍も長い李氏五〇〇年は、食を含めこの地域の文化を、大きく性格づけたようです。

ごはん食べた?

「お元気ですか」をアンニョンハシムニカと言うのだとは、私も知っていました。さらに少しくだけた「元気?」が「ごはん食べた?」の意味の表現だと聞いたときは、なんだか大阪の「儲かりまっか?」みたいで、ええなあと思いました。それだけ、食に意識的なんでしょうから。もっとも、「ごはん食べた?」が「元気?」に当たるのは、東南アジアの幾つかのところでも同様だそうです。

日本の町には「韓国料理」を掲げる店があちこちにあり、その料理は日本人にもおなじみです。ポイントとなるものを順に見て行きましょう。

飯 日本と同じく、庶民が昔からいつも米のごはんを食べていたわけではありません。長らく、麦や豆や雑穀、あるいはそれらを米に足したものを食べてきました。今では、主食として米をストレートで、またはそこにさまざまな具を載せて、というか、混ぜて食べます。「ごはん」がパプ、「混ぜた」がピビム、つなげてピビンパプ、日本語のビビンバです。

汁 日本と同じく、食事の基本は「メシ・シル・ツケモノ」です。何らかのスープなしでは食事にならないほどです。飯と汁を別々にも食べますが、飯を汁の中に「入れて」も食べます。日本では飯に汁を「かけ」ますけれど。「汁」はクク、これをパプに入れてククパプ、日本語のクッパです。そのほかに、具だくさんの汁であるチゲ、肉や魚入りスープの湯《タン》があります。

漬物　もう誰も朝鮮漬とは言わず、日本語でもキムチですね。北のは塩味控えめで白いキムチ、南のは唐芥子《とうがらし》多めで赤いキムチと呼ばれます。キムチと来ればナムルと応えるそのナムルは漬物ではなく、ナマか茹でた野菜の胡麻（油）和《あ》えです。

唐芥子　すべてを染め上げているかのように思われている唐芥子は、じつは南米の原産です。ヨーロッパ経由で「南蛮人」が日本にもたらしたのは、種子島《たねがしま》（火縄銃の伝来、一六世紀）のころです。日本では異国からの芥子という意味で「唐」芥子ですが、朝鮮半島には日本から伝わったため、初めは「倭《わ》」芥子と呼ばれました。こうしてみると三〇〇年前まで、まったく唐芥子なしの料理だったわけです。

焼肉　「朝鮮焼肉」が代表的料理と思われたりしていますけれども、この食べかたのルーツは日本です。関西に住んでいた朝鮮の人たちが内臓肉を焼いたのに始まります。内臓は上等な部位とは見なされておらず、そんなんは捨てるもんや、放るもんや、が「ホルモン」に訛り（?）、「生理活性物質」のホルモンのイメージと重なり、元気の源として広まって、海を越えて伝わりました。「火」がプル、「肉」がコギでプルコギです。ユッケは牛の生肉を指します。

人蔘《にんじん》　日本の時代劇に、貧乏な家の息子が、長患《ながわずら》いのおっかさんには高価な朝鮮人蔘が効くと藪井竹庵《やぶいちくあん》に言われて途方にくれる、そんな場面がありますね。あれは野菜の人参ではなく高麗人蔘、草冠つきのウコギ科の多年草です。中国の古い医書では不老長寿薬の筆頭に挙げられているとかで、現代医学でもストレス解消・血圧正常化の作用が認められています。

韓定食　辞書には「韓」は「朝鮮の旧称」と出ています。定食は、従食や学食のA定B定ではなく、宮廷料理の流れをくむ、洗練された食事コースを指します。「宮廷」は、もちろん李朝の宮廷であり、五汁一二菜が基本ですが、現在はその一端を、神仙炉という鍋料理と、九折板という一段の重（?）箱を九つに区切った盛り合わせ料理で、味わうことができます。

五畜豊牧

私たちは、穀物がよく実る状態を、「五穀豊穣」と言いますね。米・麦・粟《あわ》・きび・豆の五つです。農耕民にとっては、そうした穀物が生活の根本です。遊牧民のモンゴルではそれが五つの家畜、羊・山羊・馬・牛・駱駝《らくだ》です。羊は皮が衣料に、肉が食料に、毛が住料？（天幕）になります。衣食住のすべてに役立つのです。

山羊も羊と同様です。馬は人を運び、乳が酒になります。牛は物を運び、乳が食料になります。駱駝は人も物も運び、乳も使われます。

元の時代にモンゴルが大帝国を築いたのは、高速の移動・伝達手段である馬による戦闘力・通信力、大荷重の運搬手段である駱駝による輸送力、生きているから腐らない歩く食料庫である羊による補給力、この三つからなる圧倒的軍事力のおかげです。昔も今も、家畜はモンゴルの宝と言えるでしょう。

白い食べもの

モンゴルの食は大きく二つに分かれます。夏から秋の乳製品類と、冬から春の肉類とです。乳製品はミルクから作られるので白い食べもの、肉は赤身なので赤い食べものと呼ばれます。肉を食べると宝物は減りますが、乳を搾っても宝物は減りません。だから家畜は資本で乳は利子みたいなもんだ、利子に手をつけても元手は減らない、と表現した人もいます。

家畜が乳を出す季節には、クリーム、バターオイル、チーズ、ヨーグルトなど、さまざまな乳製品を作って食べます。アメリカでは、フルーツは食べるものでなく飲むものと言われるくらいに、果物はジュースにして消費します。モンゴルでは、ミルクは飲むものではなく食べるものなのです。

飲むほうでは、ミルクティーがあります。お茶は茶葉を固めた磚茶《たんちゃ》で、削って煮出したところにミルクを入れ、塩を加えて飲みます。お茶の出しかたは三通りです。

黒　茶	煮出したまま
乳　茶	ミルク入り
具入り茶	チーズや肉や魚を入れた乳茶

ミルクから酒も造ります。牛乳、羊乳、山羊乳、駱駝乳のどれからもできますが、有名なのは馬乳酒です。皮袋か木桶に入れ、残っている乳酒を加え、かき混ぜて作ります。アルコール度は二〜三度と低く、一日にかなりの量を飲みます。乳茶といい馬乳酒といいたくさん飲まれるのは、平均標高一五〇〇メートルの高原は乾燥しているし、人々があまり水を飲まないからでしょう。アルコール度が高いアルヒは、乳酒を蒸留した酒です。四〇度くらいになります。

赤い食べもの

家畜が乳を出さなくなると、肉の季節が始まります。肉というものには、国によって序列があるようにうかがえます。

日本	牛	豚	鶏
中国	鶏 牛	豚	羊
モンゴル	鶏 豚	牛 羊	馬 山羊
インド	鶏	山羊 羊	豚
アラブ	羊	兎	駱駝 牛
フランス	(仔)羊 牛	鶏	豚
ニュージーランド	鶏	豚	牛

豚や鶏は五畜に含まれず、飼われてこなかったため、モンゴルでは高級食材扱いされるのでしょう。伝統的なご馳走は、羊の丸煮や山羊の石蒸焼です。肉はナマでは食べず、味つけも塩だけのことが多いようです。

日本でモンゴル料理の代表と目されるのは、ジンギスカン焼ですね。鉄かぶとみたいな鍋がジンギスカン！なのかも知れません。でもあれは日本人が、「羊肉といえばモンゴル、モンゴルといえばジンギスカンだあ」と命名したものです。

ヨーロッパで有名なのはタルタルステーキです。タルタルとはモンゴル系のタタール族のことで、中国では彼らを韃靼《だったん》と呼びました。タルタルステーキは言わば馬肉のタタキであり、騎馬で侵入するモンゴル軍を怖れていたヨーロッパ人が、「馬だからモンゴル。あのタタール族の名前がふさわしい！」と名づけた、薬味満載のナマ肉料理です。

東北アジア

〈朝鮮半島〉

九折板（九節板　クジョルパン）……朝鮮の伝統料理（元来は宮廷料理）のひとつ。盛り皿の八角形の器も九節板という。

水気の多い九節板は、錦糸卵、野菜（ナムル）、肉類、海産物から、色を考えて八種類を選び、調理してから細長く切って盛りつける。中央のチヂミ一枚に、皿の具を包んでタレにつけて食べる。

乾き物の九折板もある。

〈モンゴル〉

羊の丸煮（オーツ）……羊一頭を部位ごとに切り離して、骨付き肉を塩茹でし、元の羊の形に盛る。

正月料理など、おめでたい席で出されるという。

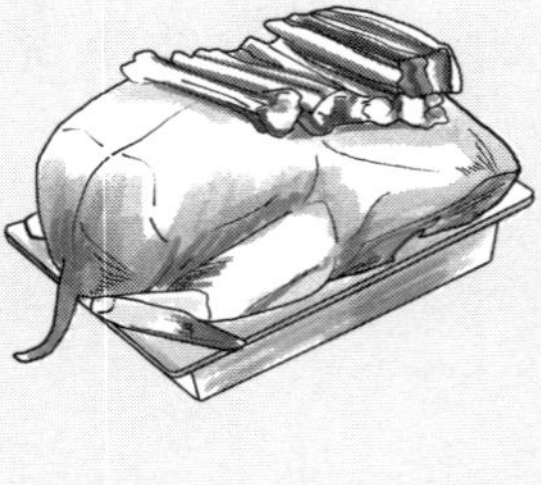

料理の名前と「ぷるぷる、とろとろ」

言語にみる食

オペラ歌手ネリー・メルバのために創作されたデザート「ピーチ・メルバ」。考案したのは、一九世紀のパリ、ロンドンで大活躍した料理界の大立者、オーギュスト・エスコフィエです。一八四六年、ニース郊外の小村に生まれたエスコフィエは、ロンドンのサヴォイ・ホテルなどの料理長を歴任したのち、パリのオテル・リッツの料理長を務めました。

特筆すべきは、一九〇三年に刊行した彼の『料理の手引き』でしょう。フランス料理のバイブルともいえるこの本には、五〇〇〇以上の伝統料理のレシピが掲載されていて、現在でもプロの料理人の必携書となっています。

「ピーチ・メルバ」のメルバは人名でしたが、そもそも料理は、どのように命名されるのでしょうか。

パリのノートルダム寺院近くに、一六世紀から君臨する鴨料理レストラン「ラ・トゥールダルジャン La Tour d'Argent」があります。先日、この東京支店のメニューに「幼

鴨のロースト マジョラム風味……蕪とそら豆のカネロニ仕立て 花飾り……」という一皿を見つけました。マジョラムとは、臭い消しに利用されるハーブの一種です。またカネロニは筒状のパスタですが、「カネロニ仕立て」となると、筒状となった料理が想像できます。こうしてみると料理名には、使用される食材、調理法、味、そして盛りつけ方法が含まれていることがわかります。

とてもわかりやすい料理名がつけられるのが、タイ料理です。「トム・ヤム・クン」は今、日本でもっとも親しまれているエスニック料理といってもいいでしょう。「トム」は煮る、「ヤム」は混ぜる、「クン」はエビという意味ですので、エビ入りスープということになります。では「カオ・トム・クン」は、どんな料理なのか。「カオ」は米ですから、もうおわかりですね。「エビのお粥《かゆ》」です。タイの料理名はこのように、食材と調理法でしっかりと構成されているのです。

こうした食と言葉の関係で忘れてはいけない表現があります。それは「オノマトペ」です。長期にわたって日本に滞在した、フランスの地理学者オーギュスタン・ベルクは、その著書『風土学序説――文化をふたたび自然に、自然をふたたび文化に』(筑摩書房)のなかで、日本語のオノマトペの豊富さに言及し、そこから日本人のもののとらえ方まで論は進みます。

そもそも「オノマトペ」とは何か。フランス語 *onomatopée* からきていて、生き物や物体が発する声や音を表す「擬音語」と、状態や動作や様子、感触、感情など、音がしないものを表す「擬態語」を指します。「さくさく」とか「こりこり」とか、テレビのグルメ番組でもよく聞かれますね。

多くのコトバで説明するよりもかんたんに感覚に訴えることのできる、こうした豊かな表現は、子供から大人まで会話のなかで何気なく使っています。英語やフランス語にもオノマトペはありますが、しかし種類ははるかに少ないですし、絵本や童話などの表現として用いられることが多いため、日本ほど日常会話で頻繁に使われることはないのです。

文学作品にも、オノマトペは欠かせません。宮沢賢治はとくに有名で、「ギーギーフーフーと彗星が空をわたった」「クラムポンはかぷかぷわらった」などの表現もあちこちにみられます。食の美学を求めた谷崎潤一郎の作品『美食倶楽部』（ちくま文庫）には、五人の食のフェティシストとでも呼ぶべき人々が登場します。倶楽部の中心的存在だったG伯爵の頭には、「料理の音楽、料理のオーケストラ」という言葉がしじゅう往来していました。そんなあるとき、伯爵は蛤《はまぐり》に似た貝が焼ける夢を見ます。

約二ページにわたる貝の描写には、「ぷるぷると、とろとろした、コチコチに、ぶつぶつと、ぷーんと、ゆらゆらふわふわと、ごろごろと、ぴちゃぴちゃと、どろどろと」、といったオノマトペが豊富に使われています。こうした表現は、読んで美味しいといわれる谷崎文学の真骨頂でしょう。それだけに、日本語のオノマトペを他の言語に翻訳するときは、動詞や副詞、形容詞、名詞などに置きかえたり、言葉をつくして説明するという手段をとらざるを得ません。そこで損なわれてしまう語感はおそらく、作品の味わいに少なからず影響を及ぼすことでしょう。

やはり言語表現は、料理に関わるものでも、そのエリアに根ざす文化と切っても切れないものなのです。また、その食文化のみがもつ独自性をも、とてもよく表しているのだと思います。

4 東南アジア　インドシナ半島と島国たち

インド＋中国＝インドシナ

前章は東アジアのうちの北寄り部分でした。今回は南寄り部分が対象です。東アジアは一般に、シナ文明の影響が及んだ範囲とされています。シナは中国のことですね。シナの英語読みがチャイナです。いっぽう南アジアは一般に、インド文明の影響が及んだ範囲とされています。東南アジアは、その二つの文明の影響が重なる地域です。アジア大陸東南端の大きな半島は、インドシナ半島と呼ばれます。国名のインドネシアのほうは、インドにネシア（島国）を足した「インドな島国」の意味です。

東西南北の中間を指す言葉は、日本語では「東北地方」とか「西南の役」とか、東西を先にしますね。都の北西では早稲田の杜《もり》になりません。英語では「南東の強風」とか「北西航空」とか、南北を先につけます。今回の地域も英語ではサウスイーストエイジャですが、私たちは東南アジアで行きましょう。

この地域は、大陸上と海洋上と、大きく二つに分かれます。それぞれに属する国名を、図表４－１にまとめました。

「語族」は、前回お話ししたアルタイと同じく、親戚言語のグループです。

そういう名の民族が存在するわけではありません。ここでは、それに含まれる言語を話す人が多い国、と思ってください。気候は大まかにいって、島嶼《とうしょ》部は熱帯雨林型、大陸部は雨季と乾季がある熱帯モンスーン型です。

大陸部には、五世紀ごろからヒンドゥー教や大乗仏教が、一一世紀には上座（小乗）仏教が伝わりました。一二世紀前半にはカンボジアのクメール王朝が、ヒンドゥー教のアンコール（王都）ワット（寺院）を建設しています。島嶼部は、古くから「海のシルクロード」の中継地でした。八世紀末にはインドネシアのシャイレーンドラ王朝が、大乗仏教のボロブドゥール寺院を建設しています。一三世紀にはイスラム教が広まり始めました。大陸部でも島嶼部でも、一九世紀から二〇世紀にかけて、ほとんどの国が欧米諸国に植民地化されました。

大陸部	シナ・チベット語族 タイ、ラオス、ミャンマー 南方アジア語族 カンボジア、ヴェトナム
島嶼部	南方島嶼語族 マレーシア、シンガポール、 インドネシア、ブルネイ、 東ティモール、フィリピン

図表４－１
東南アジアの国々

米と魚と生野菜

東南アジアの食の中心は、米と魚と生野菜です。日本の食を示すものとして挙げた「米・魚・醤油」に似ていますけど、違いがあります。

東北アジアの日本は稲の北限に近いため、手間ひまかけ、工夫を重ねて稲を育ててきました。それでも日照りやら冷害やらですぐ不作や飢饉になり、いつもみんなが米を食べられる状態にはなかなかなりませんでした。それに比べてこちらは高温多湿、稲にとって理想的な環境です。おかげでいわば苦労せずに米ができてしまうのです。

魚は、日本では海水魚が主体なのに対し、淡水魚が主体です。川や湖でも、そして「水田漁業」と呼ばれるほど田んぼでも多く獲れます。魚に付随して、その発酵食品である魚醤《ぎょしょう》も、この地域の特産です。魚を塩漬け発酵させた万能調味料で、豆を塩漬け発酵させた日本の味噌醤油に当たります。

日本には、野菜をナマで食べる習慣がなかったようです。明治時代にサラダとやらが入ってくるまで、野菜は煮るか漬けるか、せいぜい和《あ》えるかして食べるのが普通であり、トンカツやコロッケに江戸末期渡来したキャベツを刻んで添えたのが、ナマの野菜食の始まりと思われます。中国でもあまり生野菜を食べませんが、東南アジアではよく食べます。中国の揚春巻とヴェトナムの生春巻との対比は象徴的ですね。初めてパリに住んだとき、どの中国料理屋のメニューにも、かならずサラダが何種類かあるのが新鮮でした。あれはフランスの中国料理が、一様に旧植民地のインドシナ風だったからだろうと考えています。

大陸部の国々

タイ　東南アジア料理と聞くと、すぐに「エスニック料理」という言葉が浮かびます。「エスニック」は「民族的な」ですから、エスニック料理とは本来、どの民族の料理でもよいはずなのに、ヨーロッパや北アメリカの料理をエスニックとは言いません。アフリカや南アメリカや、とくに東南アジアの料理を指しているようです。もともと「キリスト教徒から見た異教徒の」のニュアンスがある言葉なので、そうなるのかも知れません。そしてエスニック料理の筆頭として、多くの人が挙げるのがタイ料理です。

　タイ料理でもっとも知られているのは、トムヤム・クンとパクチーとナンプラーでしょう。トムヤムは酸っぱくて辛いスープ、クンは海老、つまり海老入り酸辛スープです。辛いのはタイ料理第一の特色です。先輩の一人がバンコク駐在から帰任して、味噌汁には唐芥子を入れないと食べた気がしない、そのくらい辛いのに慣らされてしまった、と言っていたのを憶えています。現地に行って食べて、毎回それを実感します。

　パクチーはご存じの香菜、英語名コリアンダーです。「タイ料理の香り」と言えるほど、いろいろな料理に入っています。パクチーを加えると何でもそれなりになるらしく、「パクチーを振る」は「胡麻《ごま》を振る＝胡麻化す＝ごまかす」と同じ意味だと教わりました。ナンプラーは、魚を塩漬けして出た汁を発酵させた魚醬です。ナンプリックは、この魚醬油に刻み唐芥子を加え、具を混ぜ入れたペースト状の調味料です。

　タイ料理のメニューには、椰子《やし》で味つけしたものが多いのに気づきます。椰子はずいぶんと役に立つ植物で、建材にも燃料にも道具にも使われま

実の中の液	そのままココナツジュース
若い実の胚乳	水と混ぜて搾ってココナツミルク
熟した実の胚乳	料理や菓子の材料
樹液	自然発酵して椰子酒

図表４－２
ココ椰子の用途

す。飲食に限っても図表4－2のように、用途は多岐にわたります。

ヴェトナム　お隣のラオスとカンボジアと合わせて「インドシナ三国」と呼ばれ、ともにフランスの植民地を経験しました。平地部分でも中国と国境を接しているため、東南アジアでもっとも大きく、その影響を受けた国です。第二次大戦後に独立するまで、漢字が使われていました。料理も、中国に似たものが多く、「中国料理－《マイナス》油＝ヴェトナム料理」ではないかとさえ思わせます。

ヴェトナムの食で有名なのは、ニョクマムと生春巻とフォーでしょう。ニョクマムは、水（ヌォック）プラス塩辛（マム）、例の魚醤です。生春巻はいいですね。茹で海老や生野菜のライスペーパー包みです。フォーは、そのライスペーパーを細切りにした汁そばです。牛か鶏の肉と生野菜が入ったスープにレモンを搾り、唐芥子を切って載せます。ヴェトナム料理はタイ料理と並ぶ、大陸部の双璧とされます。

島嶼部の国々

マレーシア　インドシナ半島からさらに南に突き出たマレー半島の南半分と、その東方の世界第三の島カリマンタン（ボルネオ）北西部にまたがる国です。人口の五〇％がマレー系、三三％が中国系、一〇％がインド系、七％がその他なので、マレー的料理、中国的料理、インド的料理、その他的料理が入り乱れています。マレー系の多くが信仰するイスラム教は、基本的に禁酒禁豚、インド系のヒンドゥー教は菜食禁牛ですから、誰と食べるかによって注意しなければなりません。

多数派のマレー料理の典型として、サンバル、ラクサ、ナシ・ルマックを挙げましょう。サンバルは唐芥子ベースの野菜ペーストで、マレー人はこれとごはんだけの食事をすることもあります。ラクサは米粉の麺であり、辛い魚スープの汁そば仕立てで食べます。魚はイカン、飯はナシと言います。ルマックはココナツミルク煮です。真ん中にナシ・ルマック、周りにおかずを盛り合わせた大皿が、朝食によく出ます。

いろいろな料理にサンバルか刻み唐芥子が、何となく添えられます。一度の食事で小皿の刻み唐芥子を二回お代わりして、「そーかそーか、あんたはマレー人みたいだ」と大いにウケたことがあります。

インドネシア　東西五〇〇〇キロ以上にわたって散在する一万三五〇〇の島々に、二億六〇〇〇万の人々が住む大国です。人口は世界第四位、その大部分を占めるイスラム教徒の数は一位です。観光地として有名な東南のバリ島はイスラム化されず、前からのヒンドゥー教が残った格好です。

　大皿にごはんを取り、その上におかずを載せるのが食事の形式です。世界には指で食べる人が四〇％、箸が三〇％、フォークが三〇％いるそうですが、インドネシア人は伝統的に指派です。フォーク派は他の東南アジアでも見られるように、左手のフォークで寄せ、右手のスプーンで掬って食べます。右《め》手《て》にスプーン左手《ゆんで》にフォーク、です。

　日本でもよく知られているのは、ナシ・ゴレン、サテ・アヤム、パダン料理でしょうか。ナシはマレーシアと同じく飯、ゴレンは「揚げる炒める」で、インドネシア版の炒飯です。鶏肉入りが普通で、目玉焼きや海老せんべいや生トマトを添えます。サテは串焼き、アヤムは鶏で、インドネシア版の焼鳥です。甘い醤油のケチャップ・マニスに漬けて焼き、甘辛いピーナッツソース

などをつけて食べます。ちなみに「ケチャップ」は、ミンチしたシーフードの意味のマレー語が語源であり、トマトを加えたのがトマト・ケチャップだとのことです。パダン料理は、スマトラ島の西部に住むミナンカバウ族の料理です。豚肉以外の肉や魚や卵が主材で、ココナツミルクをよく使い、辛いのが特徴です。もっと特徴的なのは、小皿の料理をズラリと並べ、食べた分だけチャージするパダンレストランの方式です。母系社会のため、男たちが出稼ぎに行き、彼らが出先で広めたのが、全国区の料理になった原因といわれます。

東南アジア

代表的な料理

〈ヴェトナム〉

牛肉のフォー……ヴェトナム料理の定番。フォーは乾麺。
ほかに牛の薄切り肉、もやし、玉葱（紫）、パクチーなど。
濃厚なスープに、ミント、ライム、赤唐辛子などを散らしたりする。
各種応用版あり。

〈インドネシア〉

ナシクニン……「黄色いごはん」の意味。
ココナツミルクとウコン（ターメリック）で炊いたごはん。
コブミカンの葉やレモングラスなども添える。
日常食でもあり、日本の赤飯のようでもある。
黄色＝インドネシアで幸運や繁栄の色。
おかずとしては、錦糸卵、じゃが芋、フライドチキンなど。

ヴェトナム麺《フォー》の政治問題

植民地にみる食

最初のフランス滞在で、味のホームシックにかかったときのこと。ヴェトナム料理を試してごらんと現地の人に勧められるまま、お店に足を運びました。初めて味わう生野菜がたっぷり載ったフォー、生春巻、チェーと呼ばれる具だくさんのぜんざい、そして魚醬《ぎょしょう》やコリアンダーの香り。それらは不思議なことに、懐かしささえ覚える感覚でした。それ以来、ヴェトナム料理は私を惹きつけてやみません。

東京にも美味しいヴェトナム料理の店はありますが、とくに充実しているのはパリです。おそらく、行きつけの店をもっている人は少なくないのでしょう。ヴェトナムで「バインミー」と呼ばれる、具をいっぱい挟んだバゲットのサンドイッチは、テイクアウトでも食べられます。パリにこれほど本格的なヴェトナム料理の店があるのは、いうまでもなく、フランスが一時期ヴェトナムの宗主国だったからですね。

一九世紀後半、ヨーロッパの列強は、帝国の勢力拡大とその威信を保持する目的で、アジアやアフリカ諸国の植民地化競争にしのぎを削っていました。こうした植民地主義政策が、異質な食どうしを出合わせ、結果として複雑で魅力的な食文化を形成する原動力となったのは、なんとも皮肉なものです。

もともとヴェトナムは、一千年にわたって中国に支配されてきました。したがって、炒め物、製麺などの調理技術や、箸の使用に至るまで、食に関わる幾多の中国文化を受け入れてきたのです。

ただいっぽうで、生の香草や野菜を好んだり、発酵させた魚で作られる魚醤を多用するなど、中国とは明らかに異なる独自の料理文化を形成していきます。また、地域ごとに料理のスタイルがはっきりしているのもヴェトナムの食文化の特徴で、北部では肉料理が、南部では香辛料を使う料理や海産物が、よく食べられるようになっていきました。

ところで、フランス人がヴェトナムに入植したとき、気候のまったく異なる現地の文化にどう適応していったので

パリのヴェトナム料理店

しょうか。やはり、食に関しては自国のものに強いこだわりがあったと思われます。その嗜好に応じるように、ヴェトナムのパン屋は、不足する小麦粉の代わりに米粉を使ったパン生地を作る、などの工夫をしました。

またカフェ、肉屋やソーセージ製造業者も、新しく建設されたサイゴンやハノイの目抜き通り沿いに店を構え、たいへん繁盛したようです。[2] さらに、カスタードプリンやアイスクリームがココナツミルクで作られるようになるなど、現地の食材がさまざまな料理に活用されていきます。

たとえばコーヒー。フランス式のフィルターでコーヒーを抽出し、ミルクの代わりにコンデンス・ミルクを加えて作るのが、ヴェトナム・コーヒーです。コンデンス・ミルクの濃厚な甘さが、コーヒーの苦味を引き立ててくれます。

フォーは、米粉の麺の上にフランス風のレアのステーキの薄切りを載せたものが典型ですが、発音の関係で、宗主国であるフランスのポトフ（pot は鍋、feu は火、火にかけた鍋）という煮込み料理が起源とされました。

一九三〇年代になるとヴェトナム人の作家たちは、こうしたとらえられ方に感情的に反発、フォーをヴェトナムのナショナリズムのシンボルとして採用し、その起源をはるか昔のモンゴル人の侵略の時代に持ち込まれたものだと主張します。[3] このように、食は異文化の融合の場になりつつも、同時に植民地支配への抵抗の象徴ともなったのでした。

イギリスに支配されたインド、フランスに支配されたアフリカでも、文化を超えた食の交換が行われていきました。その状況をひとくくりに考えることはできませんが、植民地支配は、食の世界にも政治問題が深く影を落としていることを物語ります。

2 ジェフリー・M・ピルチャー『食の500年史』NTT出版 一五七頁
3 ピルチャー 同書 一五八頁

5

南アジア

インドをめぐって

亜大陸

インド亜大陸、という言葉があります。「亜」は「次ぐ。その下に位する」の意味で、亜大陸は「大陸に次ぐ大きさの陸地」です。インド亜大陸はインド、パキスタン、バングラデシュ、ネパール、ブータン、スリランカ、モルディヴを合わせて、総面積四五〇万平方キロ。いちばん小さい大陸のオーストラリアの六割ですから、「大陸に次ぐ」はやや強引な気もしますが、まとまりある一つの世界ということでしょう。北はヒマラヤ山脈、南はインド洋、東西はそれぞれガンジス河流域とインダス河流域とで画されます。この亜大陸が、今回の対象の南アジアです。緯度は三八〜五度で、温帯から熱帯にかけて広がっています。

紀元前二六〇〇年ごろから、ハラッパーやモヘンジョ・ダロの遺跡で知られるインダス文明が栄えました。前一五〇〇年ごろ北からアーリア人がインダス流域に入り込み、「士農工商」ならぬ「祭士製隷《さいしせいれい》」のカースト制に基づく社会を作りました。前五〇〇年ごろに釈迦があらわれ、紀元前後から七世紀にかけては、ボンベイ（現ムンバイ）北東のアジャンター村に仏教石窟寺院が開かれています。

四世紀にはアーリア人のバラモン教が民間信仰と混ざり合ってヒンドゥー教が形成され、その後、北インドの言語にアラビア語やサンスクリット語が加わって、ヒンディー語ができました。したがってヒンディー語は、インドからヨーロッパにかけて分布する言語ファミリーであるインド・ヨーロッパ語族の一員です。南インドでは、それとは別の、ドラヴィダ語族の言語が優勢です。一七世紀前半にはムガール朝が、イスラムの霊廟タージ・マハルを建設しました。一八世紀の半ば、イギリスによって大部分が植民地化されました。

菜食、カレー、紅茶

インドの食と言えば、誰もが菜食、カレー、紅茶と思うでしょう。

バラモン教には、輪廻転生の考えがあります。人は死んだら違う生き物に生まれ変わる、というのです。その考えにしたがうと、目の前の動物は自分の親や祖先の生まれ変わりかもしれないので、とても食べられたものではありません。もう一つ、浄不浄の観念があります。浄《きよ》いもの・浄くないものの別です。肉を食べるにはその動物を殺さなければならず、肉は死や血と関わりなしには手に入らない、汚れたものです。それを食べては、自分が不浄に感染（？）してしまいます。バラモン教の言わば後身であるヒンドゥー教の信者には、程度の差はあれ、菜食主義者が多いのです。

肉食の代わりに発達したのが、豆料理と乳製品です。蛋白質は必要ですからね。インドでは、ひよこ豆、生豆《きまめ》、豌豆《えんどう》、硝子豆《ガラス》、もやし豆、緑豆、落花生ほか、さまざまな豆がさまざまに調理されます。碾《ひき》割りにした豆をダールと言い、それを使った料理も同じ名で呼びます。カレー煮にした粥《かゆ》状のスープが基本です。ミルクは三分の二が水牛、三分の一が牛、そこからダヒ（ヨーグルト）、マカーン（バター）、ラッシー（バターミルク）、ギー（バターオイル）を作ります。

カレーは、スリランカ（セイロン）北部のタミル語の「カリ」が語源とされます。もともとソースの意味だったのが、スパイスたっぷりの油煮に転じました。つまりインドには、カレーという料理じたいはないわけです。インドの人々がいろいろな香辛料を入れて、手間ひまかけて調理するのを見たイギリス人が、インド的な煮込みを簡便に作りあげられないものかと考えだした混合スパイスが、カレー粉と名づけられ、世界中に広まりました。インド人もびっくりでしたが、今ではレストランで外国人向けに、「何々カレー」を出しています。入れる香辛料は、カレー色のもとであるターメリック（うこん）をはじめ、生姜《しょうが》、タマリンド、胡椒《こしょう》、唐芥子など、二〇種類とも三〇種類とも言われます。

実際、インドは香辛料の王国です。香辛料に関しては、インドネシアのマルク（モルッカ）諸島が香料諸島として有名ですが、ヨーロッパが進出するまでの一〇〇〇年間は、インド南端西側のマラバル海岸が、香料海岸として栄えました。近くに胡椒、生姜、ターメリック、カルダモン等の産地が控えていたのです。以前デリーで香辛料店に行って、種類の豊富さに圧倒されました。

もっと圧倒されたのは、紅茶専門店に足を踏み入れたときです。飲ませる店でなく、葉を売る店です。壁一面どころか二面三面、床から天井までギッシリ、の感じです。インドは紅茶の王国でもあります。原産地の中国で初めて接したイギリス人は、茶の発音をテアという綴りに写しとり、後にティーと読み慣わしました。

茶は、紅茶のように茶葉を発酵させるグループと、烏龍茶のように半ば発酵させるグループと、緑茶のように発酵させないグループとに分けられます。イギリス人は発酵させた紅茶を好み、中国から輸入せず身内で手に入れようと、インドで栽培を始めました。

こうして、グレイ伯爵《アール》考案の、中国茶にベルガモットの香りづけをしたアール・グレイ、東北部のアッサム地方産の、癖のないアッサム、ネパールとブータンの間のダージリン産の、渋み豊かなダージリンなどが生まれました。ダージリンの春摘みをファーストフラッシュ、夏摘みをセカンドフラッシュ、秋摘みをオータムナルフラッシュと呼びます。オレンジ・ペコーは種類ではなく木の上のほうの大きな葉、たんなるペコーはそれより短い葉のことです。オレンジは煎じたときの液の色であり、ペコーは「白い産毛」の意味の中国語方言を語源としています。

東菜種に西ピーナツ、南ココナツ北はギー

中国料理の地方色は南北東西、四つの菜系によって見ましたね。インドも東南西北、四つの地方に分けて特色を見ましょう。

東部　ガンジスデルタ上のコルカタ（カルカッタ）が州都の、西ベンガル州を中心とする地方です。対になるはずの東ベンガルはと言えば、それは隣国のバングラデシュであり、ベンガルですからバングラデシュ（ベンガル人の国という意味）。東にはイスラム教徒が多く、西にはヒンドゥー教徒が多数住むため、分離したのです。

調理のベースは菜種油です。地方の特色の第一は魚介で、なかでも淡水の鯉《こい》、海水のイリシュに人気があります。鰊《にしん》の仲間だというイリシュは、バングラデシュの国魚とされるほどです。ちなみに日本の国魚は淡水のほうの錦鯉です。

特色の第二は米です。高温多湿の気候が適しています。インドは、アジア側の米とヨーロッパ側の麦との分岐点と言われますが、食糧作物の分布図でインドの東半分が、きれいに稲作地帯になっています。世界の栽培稲は、図

表5－1のように分類されます。

パサパサしたインディカ米は、日本では外米ないしタイ米と呼ばれ、あまり好まれません。反対にジャポニカ米は、インディカ圏ではスティッキーな（くっつく）ライスとされ、あまり好まれません。慣れなので仕方ありませんね。

しかし先入観なしに食べると、インディカ米もまことに結構です。私は、インドではそれほど感じたことはありませんけど、ニュージーランドのインド料理屋で、マトンカレーをキウィスタイル（ニュージーランド風）でなく、インディアンスタイルでやってくれとインド人シェフに頼み、出された透き通るようなインディカ米のおいしさに、目をみはった覚えがあります。

特色の第三は、紅茶です。アッサムやダージリンなどの名産地を控えているのです。

アフリカ稲			西アフリカ
アジア稲	ジャポニカ米	丸米	粘りアリ　少数派 日本　朝鮮　北中国
	インディカ米	長米	粘りナシ　多数派 インド　南中国　東南アジア
近年話題のネリカは、アフリカの食糧事情向上のために開発された、アフリカ稲とアジア稲の雑種。ジャヴァ米はジャポニカの熱帯版で、粘り少なめの半長米。			

図表5－1　稲の分類

南部　スリランカ（セイロン）対岸北方の、チェンナイ（マドラス）を中心とする地方です。調理のベースはココナツ油です。名物にココナツ・チャトゥニーがあります。チャトゥニーは日本語のチャツネで、果物に砂糖と香辛料を加えた、まあインド版ジャムです。日本ではカレーライスには福神漬が定番ですが、インドでは料理にチャツネがよく添えられます。

食の特色の第一は米です。が、米についてはすでに東部でお話ししたので、ここではライムジュースを搾りかけるライムライスと、お茶漬ならぬヨーグルト漬のヨーグルトライスの名前だけを挙げておきます。第二はコーヒーでしょうか。地球上でコーヒーを産する地帯はコーヒーベルトと呼ばれ、各大陸の北回帰線と南回帰線の間がそれに当たります。インド南部はそこに入り、できたコーヒーは主に地元で飲まれます。

西部　アラビア海に面した中部の、ムンバイ（ボンベイ）を中心とする地方です。調理のベースはピーナッツ油です。インド料理屋でセットメニューを頼むと、仕切りのついたお盆のような大皿に、各種の料理とごはんかパンかが、盛り合わせで出てきますね。あの皿はターリーという名で、そのままあの形式の定食を指します。西インドはターリーの故郷です。またインド料理屋のメニューでは、ヴィンダルーというのによくお目にかかります。ムンバ

イの南のゴアを植民地にしたポルトガルの遺産で、「にんにく入りビネガー」味の煮込みです。鶏ヴィンダルーとか、野菜ヴィンダルーとか、いろいろなものにつけられます。

北部　内陸の首都、デリーを中心とする地方です。調理のベースは精製バターのギーです。北部ではムガール帝国の影響が目につきます。ジンギスカンの血を引くイスラム化した帝国で、ムガールはモンゴルの転訛です。一五二六年から三〇〇年以上続き、北部から全土に支配を広げました。よく知られるビリヤニもタンドリチキンも、それ以来の料理です。ビリヤニは肉や野菜や香辛料と炊き込んだごはん、タンドゥーリー・チキンは、タンドゥールという素焼きの窯で焼いた鶏肉です。

この地方では米をほとんど作らず、作るのは主として小麦です。インドのパンとして誰もが知っているナーンは、小麦粉の生地を発酵させ、タンドゥール窯の内壁に貼りつけて焼いた高級品です。同じくインド風パンのチャパティは、発酵させずに伸ばして鉄板で焼いた大衆品です。

南アジア

代表的な料理

〈インド〉

マドラスカレー（チキン）……ココナツミルクを加えたカレー。チキンのほか、宗教によっては（キリスト教、イスラム教、パーシー教など）ビーフを使うこともある。マドラスは南インドの州都（現名称はチェンナイ）。玉葱やニンニクなどの素材に、マスタードシード、黒コショウ、シナモン、ターメリック、クミン、チリペッパーなどをスパイスとして用いる。

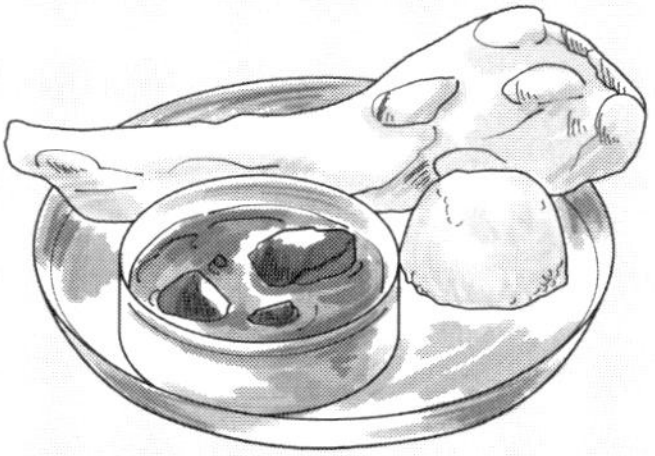

〈パキスタン〉

ビリヤニ（ビリヤーニー）……スパイスと米（バスマティ米を使うことが多い）、肉、魚、卵や野菜などでつくる米料理。米とカレー（肉か野菜のカレー）は別に調理する。米とカレーを層のように重ね、独特の香りを生かす。スパイスは、ナツメグ、クミン、コショウ、クローブ、カルダモン、シナモン、ローリエ、コリアンダー、ミント、ショウガなど。玉葱、ニンニク、サフランなども用いられる。牛肉や鶏肉、山羊肉、羊肉、魚、エビなどの魚介類が入ることもある。

晩餐会による舌の解放について

映画にみる食

京都の高瀬川のほとりを歩くのが好きです。江戸から明治にかけて、多くの歴史の舞台となってきただけに、いつもなにかの発見があるからです。

その日、春の陽射しに誘われてぶらぶらと歩いているうち、「日本映画発祥の地」と書かれた案内板がふと目に止まりました。モダンな外観がひときわ目をひく、旧・立誠《りっせい》小学校の校門前でした。京都での映画といえば「映画村」と思いがちですが、案内板によれば、この地は一八九七（明治三〇）年、フランスのリュミエール兄弟が発明した『シネマトグラフ』というカメラによる試写に、日本で初めて成功した場所だということです。

一〇〇年以上の歴史を誇る映画にも、多くの食が「記号」として登場します。ここで紹介するのは、ガブリエル・アクセル監督の『バベットの晩餐会』（一九八七年、デンマーク作品）。時は一九世紀、デンマークの寒村で、老姉妹の家政婦として働く主人公のバベットは、パリコミューンで家族を殺されて亡命、姉妹に助けられました。そんなあるとき、姉妹は父親である亡き牧師の生誕一〇〇年祭を行うことになります。

運よく宝くじに当選したバベットは、牧師のために晩餐会を開きたいと申し出て、準備を始めます。フランスから運び込まれた海亀、ウズラやトリュフなどの食材に、村人は驚きを隠せません。厳格な信仰を持ち、禁欲的な生活を送る村人たちにとって、食の快楽に染まることは恐怖そのもの。「舌はお祈りのために。味わってはいけません。全員、味覚がないかのようにふるまいましょう」と取りきめ、晩餐会当日を迎えるのです。

ところが、招待客の一人に、かつてパリに駐在したこともあるという将軍がいました。彼が料理に舌鼓を打つ様子を見て、それまでぎこちない会話を繰り広げていた村人たちは態度を改め、大いに食事を愉しみはじめます。こうして、村という一つの共同体に、はからずも大きな和解のときが訪れてきます。

晩餐会は、一同の思いもかけぬ歓びのうちにぶじ終わりますが、パリの有名レストラン、カフェ・アングレの元シェフだった主人公バベットも、シェフとしての自信を取りもどし、幸福感に浸ります。

この映画はたんなるグルメ映画ではなく、人生の歓びを表現した作品として、高い評価を受けています。映画のなかでまずわかりやすく示されるのは、禁欲的な村人たちの「生きるための食」と、フランス式のフルコースによる「宴の食」の対比です。そしてこの夜の「宴の食」では、人々はおのずから歓びに誘われていきました。とてもうまい、効果的な表現だと思います。

ただし、村人たちの変化が「美食」そのものから生じたものかといえば、そうではありません。食の快楽を「罪悪」とする古い考えから解放され、舌そのものが自然に活性化しはじめた結果だと思われるからです。そうして村人たちは、本来あるべき姿を取りもどしていったのではないでしょうか。

もちろん料理の味や質、レストランの設備といったハード面は、欠かせない要素です。でもそのすべてを凌駕する大切な要素とは、何よりも、コンヴィヴィアリテ(convivialité 打ち解けた雰囲気)であり、コンヴィーヴ(convive 食卓を共にする人)、すなわち、誰といっしょに食べるかという点にあります。

この映画、小津安二郎監督の作品『お茶漬の味』(一九五二年)という名画に通じるものがあります。出自や意識がすれ違う夫婦の和解が、かんたんなお茶漬けを食べるシーンと共に描かれます。「これだよ、夫婦はお茶漬けの味なのさ」というセリフは、食と共同体の分かちがたい関係を改めて意識させるものとして、つよく印象に残ります。

なお、食をテーマとして扱ったインド映画の傑作に、『聖者たちの食卓』(二〇一一年)があることも付け加えておきましょう。毎日一〇万食ものカレーが巡礼者や旅行者のために無料で提供されている、ハリマンディル・サーヒブ〈黄金寺院〉の活動を描いたドキュメンタリーです。この寺院の食堂は「宗教、カースト、肌の色、年齢、信条、性別に関係なくすべての人は平等である」というシク教の教義を実践するため、五〇〇年ものあいだ続いているそうです。この食堂のルールは、きわめて「合理的」で「単純」です。宗教や階級、男性、女性、子供が、わけへだてなく同席すること。出された食事は、残さないこと。使った食器はきちんと戻すこと。そして、譲り合うことをけっして忘れてはならない。

生きるとは食べることであり、食べることとは生きることである。その根源的な「食」の本質を問いかけ、示してくれる、ドキュメンタリー映画の傑作だと思います。

6 西アジア

アラブ?·イスラム?·中近東?

アラブ≠イスラム≠中近東

何かと話題に上る地域ですね。しかし、もともと私たちにとってなじみが薄いため、イスラムもアラブも中近東も西アジアも、あまり区別されないのが実情のようです。食を考える前に、そこを少し整理しましょう。

「イスラム」は宗教です。指導者にムハンマド（モハメット）の血統を重視するシーア派は、イランなどに見られる少数派。ムハンマドの言行に従うのを旨とするスンナ派は、インドネシアから中央アジアを経てアフリカの北半分に広まる多数派です。

「アラブ」は文化です。文化はほとんどイコール言語とも言える、「集団の個性」みたいなものです。アラビア語は主にスンナ派の国々で話されています。アラブ圏の東半分はマシュリク（日が昇るところ）と呼ばれてイラクからエジプトまで、西半分はマグレブ（日が沈むところ）と呼ばれてリビアから西サハラまでです。

「中近東」は地政です。地政とは政治地理だと思ってください。初めに「近東」がありました。ヨーロッパから見てインド世界より近い東方のことで、西アジアとバルカン半島を含みました。オスマン・トルコの支配が及んだバルカンは、現在のようなヨーロッパ扱いではなく、「近い東方」だったのです。そこへ「中東」が加わりました。アフガニスタンからリビアにかけてです。本来は極東と近東の間のはずですけれども、当時の都合でその辺りを意味しました。両者を合わせた今の「中近東」は、バルカンは含まず、アフガニスタンからモロッコにまで広げて指します。

「西アジア」は地理です。アジアのうちの西の部分であり、「中近東」からアフリカを除いた地域です。北緯四二〜一二度、草原や砂漠が広く、遊牧と灌漑農業を基本とします。図表6－1のように、大きく三つに分けられます。

三つの圏の食についてお話しする前に、「中央アジア」にふれておきましょう。

ペルシャ圏	インド・ヨーロッパ語族系 アフガニスタン、イラン、アルメニア
アラブ圏	アフロ・アジア語族系 スンナ派諸国、イエメン
トルコ圏	アルタイ語族系 トルコ、アゼルバイジャン
ほかにアフロ・アジア語族系のイスラエル、カフカス語系のジョージア。 アラブ圏は、地中海東部沿岸のレヴァント地方と、川中地帯の意味のメソ・ポタミアとアラビア半島とに分けられる。	

図表6－1　西アジアの国々

中央アジア……シルクロードの舞台

北のロシア、東の中国、南のペルシャ、西のカスピ海に囲まれた一帯です。モンゴル高原から出たトルコ系民族の国々であり、歴史的にトルキスタンと呼ばれた土地の、西側部分です。東側部分は、中国の新疆《しんきょう》ウイグル自治区です。スタンは「の国」で、トルコ人の国がトルキスタンです。北寄りに遊牧のクルグズスタン（現キリギス）とカザフスタン、南寄りに農耕のタジキスタン、トルクメニスタン、ウズベキスタン、これら五か国が中央アジアとされます。このうちタジキスタンだけは、トルコ系でなくペルシャ系です。古くから草原のトルコ系と高原のペルシャ系とが、ポジティブにもネガティブにも交流を続けてきました。

中央アジアはあのシルクロードの舞台です。シルクロード（絹の道）は図表6－2のように三本ありますが、陸上ルートはここが主な中継地でした。

草原の道	（最古ルート）スキタイ、匈奴 黒海・カスピ海北岸・ジェンガル盆地・モンゴル
オアシスの道	（絹の道）ソグド人 黒海・カスピ海南岸・タリム盆地・敦煌
海上の道	（香料の道）イスラム教徒 紅海・ボンベイ・スマトラ・ハノイ

図表6－2　シルクロード

このことから、中央アジアは文明の十字路と言われます。

きちんとした食事が前菜・第一料理・第二料理・デザート・茶と進むのは、ロシアから取り入れた構成です。全域で食べられるラグマンは、中国のラーメンを語源とする手延べうどんです。炊込みごはんのプロフやパンのナーンは、ペルシャからの農業食品です。串焼肉のシシ・ケバブは、イスラムの影響です。まさに十字路です。

ペルシャ圏……ケバブ、ピラフ、卵かけごはん

ペルシャと聞いて連想するのは、絨毯《じゅうたん》でしょうか猫でしょうか「アラビアン・ナイト」でしょうか。アラジンやアリババやシンドバッドが活躍する『千夜一夜物語』は、ササーン朝時代の六世紀の作品です。善悪二元の拝火教は、紀元前六世紀にゾロアスターが始め、ササーン朝では国教になりました。ペルシャ圏の中心は、もちろんイランです。

西アジアは麦作発祥の地とされ、主食はナーンです。しかしインドの影響

か、米もよく食べます。米料理には油と塩だけの白ごはんのチェロウと、具入りのピロウとの二種類があります。ピロウは、西に伝わってピラウになりました。私たちが食べるピラフは、イラン生まれなのです。

チェロウには思い出があります。アメリカのアトランタで、イランの友人がペルシャ料理屋に連れて行ってくれたときのことです。チェロウは初めてで、「日本ではこうした熱いごはんに生卵をかけて食べるんだ」と言ったら、彼が「イランでもそうだ。食べるか?」「いや、アメリカでは生卵は禁止されてる」「かまうもんか。オイ!」とペルシャ語(らしき言葉)で何やら注文すると、ニッコリした店の人が、黄身だけを載せてチェロウを運んできました。串焼きの羊肉を添えたチェロウ・ケバブです。醤油は当然なく、少しバターを加えて、卵かけごはんをおいしくいただきました。

イラン料理は全般的に、香辛料を豊富に使うのと、果物による甘酸っぱさがあるのとが特色です。

アラブ圏……禁酒・禁豚・断食

イスラム教の地元？であるアラブ圏の特色は、酒を飲まないこと、豚肉を食べないこと、断食があること、の三つでしょう。イスラムでは、合法なものをハラール、非合法なものをハラームと言います。酒や豚肉は、ハラームです。

しかし、法を厳しく適用する地方と、ゆるやかな地方とがあります。サウジアラビアでは外国人が酒を持ち込むのも禁止、飲めば国外追放ですが、レバノンでは外国人向けにワインを製造しています。豚エキス入り調味料をとがめる政府があるいっぽう、それが入った料理と知りながら食べる人々もいます。「断食」はイスラム暦第九月（ラマダーン月）の日中に飲食しないことです。これも病人や子供のほか、旅行者も適用除外する国があり、私が働いたパリのホテルはヴァカンスの閑散期、西アジアからの旅行者の皆さんに日中の飲み食いを含め大いにご利用いただき、経営的に助かりました。

代表的な料理を一つだけ挙げるとすれば、やはり羊のブツ切り肉か肉団子を串焼きしたシシ・ケバブでしょう。主食は円く平たいパンのフブスです。

あいだに具をはさんだのは、ピタパンサンドの名で日本でも出廻りました。

域内唯一の非イスラム教国はイスラエルです。こちらにはコーシャーがあります。コーシャーはユダヤ教の法に適《かな》った食品です。法に適わないのは、たとえば豚や兎《うさぎ》、烏賊《いか》や蛸《たこ》、海老や蟹《かに》です。イスラムでハラール認証機関が適法性を審査するのと同様、ユダヤにもコーシャー認定機関があります。

イスラエルでは、アシュケナージと呼ばれる東欧系が持ち込んだ、鯉の擂《すり》身《み》とパン粉団子の煮物のゲフィルテ・フィッシュやリング状のベーグルパン、スファラディと呼ばれるスペイン発の中近東系が持ち込んだケバブ類とレンズ豆スープが、典型的な食べものといえます。

トルコ圏……世界三大料理のひとつ

三という数字は座りがよいらしく、いろいろなものについて「三大……」が出てきます。食に関しても「世界三大料理」が言われます。言うのはたいていの場合トルコ人かトルコ料理関係者で、ほかの二つと目されるフランスや中国の側から「三大料理」と聞いたことはありません。
外国で「三大料理があるとして、フランスと中国、もうひとつは？」と訊いたときに、モロッコやタイよりもトルコを挙げる人が多い、あるいはこちらがトルコを挙げて、なるほどと言う人が多いのは事実です。日本では、それほど知られていないこともあり、トルコが三大料理のひとつと言われても、ピンとこない人が大多数でしょう。なぜトルコなのか。

シルクロードと地中海からの物産が集まった。遊牧民テュルクの食習慣に、イランのイスラム食文化と地中海式の食の伝統が重なった。オスマン帝国の宮廷で洗練された。これらがその理由と考えられます。もっと大雑把に、フランス料理はキリスト教世界の代表、中国料理は仏教世界の代表、ならばイスラム教世界の代表はトルコ料理だろう、と持ってこられているようにも思えます。「三大宗教」を受けて、それこそ座りがよいのです。

主食のパンにはフランスパンタイプ以外に、薄いピデがあります。ピッツァの語源です。調理のベースは岩塩と羊の肉汁、油はオリーヴとバターを使います。食前酒の当《あ》てにつまむ前菜のメゼは、海の幸あり山の幸ありです。好まれる肉料理は、シシ・ケバブと並んで、タルタルステーキの発展系である

肉団子のキョフテです。野菜料理には詰物料理ドルマの一種の、ロールキャベツがあります。私たちのロールキャベツの原型です。

デザートは、イスラム的禁酒へのリベンジかと思うほどに豊かです。なかでも糖蜜かけパイのパクラヴァは有名ですし、スポンジケーキを糖蜜に漬けた感じのババ・タトルスは、フランスのババ・オー・ロム（日本のサヴァラン）に至るお菓子と考えられています。アラビア語シャリバ（飲む）を語源とするシェルベティというシロップ水は、凍って西方でシャーベットと改名しました。食後の正式な飲物はあのトルココーヒーであり、一日中よく飲まれる紅茶で締めるのは略式です。

西アジア

代表的な料理

〈トルコ〉

サフランのアイスクリーム……サフランに牛乳、生クリーム、卵黄などを加え、アイスクリームをつくる。ザクロのソース（ジャム）などをかけることもある。

〈トルコ〉

茄子のシシ・ケバブ（パトゥルジャン・ケバブ）……パトゥルジャンは、トルコ語のナス。トルコの定番ケバブ。ケバブは西アジアのロースト料理で、肉（挽肉など）のほかに野菜、魚介を使うことも。具材を串に刺し、じっくり焼き上げる。肉は、唐辛子などで味つけしておく。ナスの中に肉を詰める方法もある。

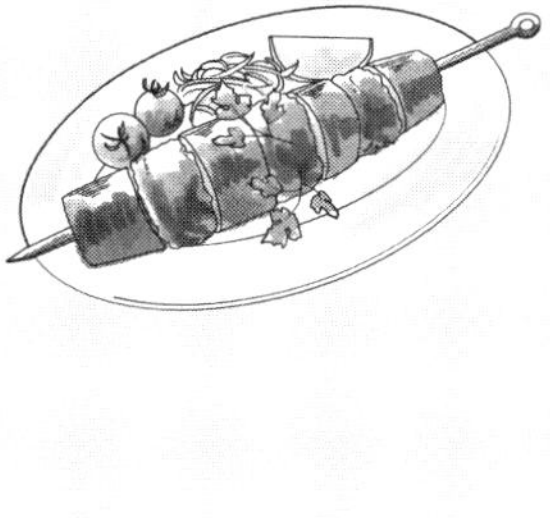

チーズで傷を治す？

信仰にみる食

イスラム圏では、チーズは基本的にＯＫだということです。ただし製造過程において、宗教的に禁止される酵素（豚に由来するなど）が使われているものは、もちろんＮＧ。ハラール食の問題はたしかに複雑で、日本人にはわかりにくい側面があります。ただ現実的には、サウジアラビアなどでも多くの種類のチーズが売られていると聞いています。

カトリックの国フランスは、言わずと知れた「チーズ王国」ですが、チーズの歴史と個人の消費量で匹敵する国がひとつあります。それがギリシャです。

ギリシャで現在もっとも人気のあるチーズ「フェタ」は、現存する世界最古のチーズともいわれます。羊乳と山羊乳の熟成させない混乳チーズで、見た目はまさに木綿豆腐。ぼそぼそとした食感が特徴です。インドやパキスタン、アフガニスタン、イランなどで食されるカッテージ風のチーズ「パニール」も、似たような種類でしょう。

フェタは、暑いギリシャで保存性を高めるため、かつては高濃度の塩水にひたされていました。しかし技術改良のおかげで、現在は塩分濃度をおさえた穏やかな味わいのものも作られています。とはいっても、そのまま食べずに、水か牛乳にひたして塩抜きをしたほうが無難です。

このチーズを材料とした料理はたくさんありますが、なんといっても「ホリアティキ・サラタ」がよく食べられます。「田舎風サラダ」という意味で、文字どおり生野菜サラダの上にフェタチーズの塊をどかんと載せた、なんとも素朴な一皿です。

古代ギリシャ時代、ホメロスが書いたとされるトロイ戦争の叙事詩『イーリアス』にはチーズが登場します。たとえば、ワインにすりおろしたチーズを混ぜたミルク酒という飲み物。[4]すりおろせたということは、硬めのチーズだったわけですね。たしかに、ギリシャの遺跡からはチーズのおろし金も見つかっています。

『イーリアス』のなかに、軍神アレスが女神アテナと死闘となったあげく、父ゼウスに傷を癒してもらうように頼むという場面があります。[5]ゼウスは自身の医師パイエオンに命じて治療に当たらせますが、ホメロスはここでアレスの傷口が「ミルクがレンネット（凝乳酵素）によって凝固するように癒えた」という比喩を用いています。ギリシャ語には、傷口が癒えるという単語に、ミルクが固まって凝乳になるという意味を含むものもあるほどです。

パイエオンの化身としてギリシャ神話の医術の神となったアスクレピオス。ここには、チーズとギリシャ宗教とのあいだの興味ぶかい関わりを見出すことができます。たとえばアスクレピオスを祀《まつ》るさい、チーズが中に詰められたケーキを神に供えるという儀式が執り行われました。また、クレタ島のレベナのアスクレペイオン、すなわち「病院」では、日常的にミルクが医学的処方や施術に使用されていたという言及もあります。

チーズは、古代ギリシャの宗教的行事において、重要な役割を果たしていきます。ギリシャの信仰では、動物を生贄《いけにえ》として捧げるのは日常的なことではなく、通常は血を流さずにつくられる食べ物、たとえば菓子や果物、そしてチーズなどを捧げものとしていました。アテネの人々は、捧げものとしてのチーズを礼拝に組み込む伝統を守ろうと努めましたが、これはチーズが太古の昔からあり、礼拝でも中心的な位置を占めていたことを示唆しています。紀元前四世紀の哲学者アリストテレスも『動物誌』のなかで、レンネット凝固とチーズ作りを、人類の起源とその初期の発達の比喩として描いています。

このように古代ギリシャの文人・哲人たちが、レンネットによってミルクが固まるという現象に、なにかしら神秘的な力を感じたのは偶然ではないでしょう。現代の科学の力は、動物や植物由来だけでなく微生物由来のレンネットを生みだしましたが、それでもこの凝乳現象は、今もあいかわらず神がかったような「圧倒的な変容」として、私たちに驚きを与えつづけるのです。

4 アンドリュー・ドルビー『チーズの歴史』P-Vine BOOKs 五二頁
5 ポール・キンステッド『チーズと文明』築地書館 一〇五頁

7 北ヨーロッパ

島と半島とバルト海と

ヨーロッパという地域

「ヨーロッパ」という名は、アッシリア語で「日の入り」の意味の言葉に由来するとか。反対の「日の出」が「アジア」の語源、「アフリ人の国」が「アフリカ」です。アッシリアは、チグリス・ユーフラテス上流域に紀元前六〇〇年ごろまで存在した、最初の世界帝国です。今のイラク北部に当たるその地から見て、日が昇る側がアジア、日が沈む側がヨーロッパだったわけです。

現在のヨーロッパは、ロシアのウラル山脈からウラル川でカスピ海、カフカス山脈で黒海、その出口のボスポラス海峡、それらを結ぶ線より西側の土地とされています。一般に「ヨーロッパ大陸」と言いますけれど、そうした独立の大陸があるわけではなく、太平洋から大西洋にまで広がるユーラシア大陸を、その線で区切った一角がヨーロッパです。ユーラシアはユーロとエイシャが対等合併した名前ですが、面積は一対四で対等ではありません。

アメリカや中国とほぼ同じ広さのその域内に、四六もの国があります。言語も宗教も、そして食も多種多様なので、幾つかに分けて考えるのが適当でしょう。歴史的、政治的、文化的、いろいろな分けかたがあり得るなか、ここではわかりやすさ優先で、図表7－1のように、エイヤと四つに分けることとします。

　私たちは何となく、ヨーロッパが古くから世界の先進地域であり続けてきたと思い込みがちです。しかし、ヨーロッパが世界をリードするのは、一八世紀後半の産業革命以来、火器と海軍力とで植民地化を始めてからのことです。

　ちなみに、西暦一年の世界全体のＧＤＰ（国内総生産）の三二％はインド、二六％は中国で、ローマ帝国がそれよりやや少ないくらい、と言われます。「新大陸発見」直後の西暦一五〇〇年にインドと中国が二五％で並んでいるとき、西ヨーロッパは一八％でした。西ヨーロッパが中国を抜いて一位に浮上するのは産業革命後の一九世紀前半、そしてアメリカが西ヨーロッパを上廻って首位に立つのは、第二次大戦後です。

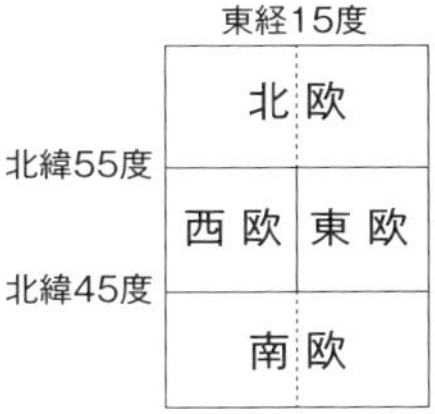

図表7－1　東西南北欧

北欧といえばバイキング

北欧と聞いてすぐに思い浮かべるのは海賊ヴァイキングですね。ヴァイキングは、八世紀から一一世紀にかけて、各地で海上交易活動をしたノルマン（北の人）です。「海上交易活動」は、往々にして力あまって海賊行為になり、「ヴァイキング＝海賊」のイメージが定着しました。西は海上遠く、グリーンランドから北アメリカにまで行ったり、イギリスを荒らし廻ったり、フランスの北部に居ついて「ノルマン」ディとしたり、アフリカとの間のジブラルタル海峡を通って地中海に入ったりしました。東では陸上を行き、後にロシアになるキエフ公国を建てたり、カスピ海に進出したり、黒海経由で地中海に入ったりしました。

日本で誰もが知っているのは「バイキング料理」です。今では「料理」もつけず、バイキングだけであの、取りほうだいセルフサービスの食べかたを指します。その食べかたの「バイキング」は日本名であり、本名スメルゴスブードという、スウェーデン発祥の立食形式です。一九五七年に帝国ホテルが日本で初めてその形式で料理を出したとき、原語のスメルゴスブードでも英語のスモーガスボードでもウケないだろうと思い、「北欧のやりかたなんだからバイキングだあ！」と命名したのです。たまたま隣の映画館で「海賊バイキング」を上映中だったから、という伝説もあります。

したがって、日本では津々浦々、老若男女に通じるこの言葉は、国外では通じません。フランス語のビュフェか、英語のバフェなら通じます。

スメルゴスブードとはオープンサンドテーブルの意味であり、もともとは、家庭で、お客さんを招くときのパンとバターと料理が並んだテーブルから、各人が自由に取って食べる形式を指しました。現在はそれが、冷製温製の豪華で盛りだくさんなレストラン料理を、立食にかぎらず座っても食べる形式に変貌しています。

正調スメルゴスブードの食べかたもあるらしく、それによると、鰊《にしん》料理・サラダなどの前菜・ハムソーセージほかの冷製肉・魚料理・魚料理・肉料理・チーズやデザートの順に一皿ずつ、だそうです。こうなると、自由さも

半島・島嶼部 ＝ ノルディック諸国	インド・ヨーロッパ語族の北ゲルマン語派系 デンマーク、ノルウェイ、スウェーデン、 アイスランド ウラル語族系 フィンランド
大陸部 ＝ バルト諸国	ウラル語族系 エストニア インド、ヨーロッパ語族のバルト語派系 ラトヴィア、リトアニア

図表７－２　北ヨーロッパの国々

半分ほどなりバイキング、といったところでしょうか。

半島・島嶼部の国々

北欧の国々は、図表7－2のように分けられます。

デンマーク　この国が位置する半島は、大陸からスカンジナビア半島に向かって北海に突き出た感じの、ユトランド半島です。ゲルマン民族のユート部族の原住地なので、その名がつきました。

デンマークの食べものでいちばん有名なのは、デイニッシュ・ペイストリでしょう。発酵生地にミルク・砂糖・バター・卵などを加えて作る、お菓子とパンの中間くらいの、あれです。いろいろな形の生地に、クリームやチーズや果物やナッツがあしらわれています。フランスでは純粋なパン以外の言わば色物《いろもの》の総称であり、ブリオシュやクロワサンもこちらに含まれます。

そのフランスの言葉では「ヴィエノワズリ（ウィーン風なもの）」と言うとおり、もともとオーストリアの首都ウィーンの出身です。一九世紀にデンマークに伝わり、そこで各種工夫されたため、「デンマークの焼菓子」の名で広まりました。お菓子とパンの中間だから菓子パン、と行きたいところですが、日本の菓子パンは「甘味をつけたり、チーズやクリームなどを包んだりのせたりして焼きあげたパン類の総称。あんパン、カレーパンなど」と辞書にありますから、少し違います。

デンマークは酪農王国として知られます。やせた土地で麦やジャガ芋を作って輸出していたこの国は、一九世紀後半に「むしろ穀物を輸入して家畜に食べさせ、その肉と乳を生産する」方向に政策を転換しました。牧畜によって土壌が改善され、野菜の栽培も進展しました。今や食材の質も量も豊かな国に変身し、それが近年脚光を浴びているキュイジーヌ・ノルディーク（北欧料理）の背景にもなっています。酪農分野では、ダナブルーというチーズを挙げておきましょう。アメリカへの輸出用に始まっただけあって食べやすい、牛乳からの円盤形青かびチーズで、日本のスーパーでも普通に売られています。

ノルウェイ　スウェーデン・ノルウェイ・フィンランドが位置する半島は、スカンジナビア半島です。スウェーデンの食は先に述べたバイキング料理に

代表してもらうとして、お隣のノルウェイを見ましょう。私たちはメルカトール図法による世界地図に慣れてしまい、緯度の高い地方つまり極地寄りを、大きくイメージする傾向があります。じっさいのノルウェイは日本と同じくらいの面積です。この国は世界一の捕鯨国であり、捕鯨規制がテーマになる国際会議では、数少ない日本のお友達です。人々は鯨肉を、刺身やステーキやバーベキューにして食べます。

ノルウェイで魚とは鰊のこと、とさえいわれるくらいに、塩漬けや酢漬けの鰊がよく食べられます。鰊のほかには鱈《たら》ですね。バカラオ（干鱈）の煮込み料理ルーテフィスクが有名です。個人的には、オスロで食べた溶かしバターかけ茹鱈の、シンプルなおいしさが忘れられません。

フィンランド　食より何より、サンタクロースの故郷です。現在のトルコのアナトリアに四世紀に実在したニコラウス司教の逸話を、一九世紀初めにアメリカ人がフィンランドの伝説に組み入れたのが、サンタ（聖）クロース（ニコラウス）の始まりといわれます。今では北緯六六度三三分のロヴァニエミ市に、テーマパーク「サンタクロース村」まであります。

そのロヴァニエミ市は、ラッピ県の首邑《しゅゆう》です。辺境という意味のラップランドは、サーミ人の居住地です。サーミ人はトナカイを放牧する極北の民族です。以前はラップ（ランド）人と呼ばれましたが、「辺境人」では具合が悪いので、自称のサーミに変わりました。トナカイは家畜であり、ステーキやソーセージや水煮や干肉にして食べられます。

「島嶼部」は、国としては**アイスランド**のことと思ってください。アイスランドは不毛の火山島で漁業が中心であり、魚と羊以外の食料はほとんどが輸入品です。料理はノルウェイとそれほど違わない、というのが首都レイキャヴィークでの印象でした。

サーミ人のケースはともあれ、半島・島嶼《とうしょ》部に共通する食の特色は、一にライ麦などの重厚素材のパンとジャム、二に鰊や鱈や鮭などの魚の保存食品、三にケーキやペイストリなどの焼菓子、とうかがえます。

大陸部の国々

バルト海をはさむ、スカンジナビア半島対岸の諸国です。スウェーデン・

ノルウェイ・デンマークが「スカンジナビア三国」と呼ばれるのに対し、これらエストニア・ラトヴィア・リトアニアは「バルト三国」と呼ばれます。この地域は「太陽の石」琥珀の産地であり、リトアニア南隣にあるロシアの飛び地カリニングラードも、「琥珀のくに」の異名を持ちます。

三国共通で、鰊・豚肉・乳製品がウリです。そのなかで面白い料理は、ツェペーリナイ・リトフスキーです。形がドイツのツェペリン伯爵の飛行船に似ているところから名がついた、豚挽肉のマッシュトポテト包みで、サワークリームのソースをかけて食べます。

北ヨーロッパ

代表的な料理

ニシンのマリネ……ニシンは北欧圏の代表的な魚介素材。多様な料理に使われるが、旬にしかできない新鮮なニシンを使ったマリネが有名。国ごとにそれぞれスウェーデン風、デンマーク風などさまざま。基本の味つけには白ワインビネガーを使うことが多いが、らっきょう酢などを利用することもできる。ほかに、玉葱、粒マスタード、ディルというハーブ、塩、砂糖、唐辛子、ローリエ、黒コショウなどの多彩な調味料も使われる。三枚におろしたニシンを酢に漬け込み、のちに調味料を加えてさらに冷蔵庫で漬け込めばできあがり。

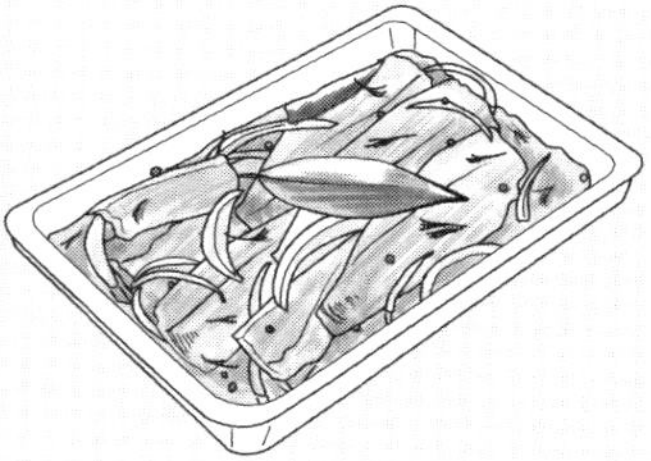

〈アイスランド〉

スキール（チーズ）……北欧は酪農がさかんで各国独自のチーズも多い。最北の島国アイスランドでもチーズは名物。スキールはその仲間で、乳脂肪分が極小のヘルシーな食としても人気。ヨーグルト風にジャムをかけたりする。ヨーグルトのようにさまざまな容器で売られている。

美食のために作曲をやめた男

音楽にみる食

食にまつわる音楽家といえば、まずは二〇一八年に没後一五〇年を迎えたジョアキーノ・ロッシーニ（一七九二－一八六八）でしょう。フォアグラとトリュフを贅沢に組み合わせた料理が「ロッシーニ風」と名付けられたほど、美食を愛する作曲家でした。食するだけでなく、自身も料理に腕をふるい、レストランの経営までしていたといわれます。

このロッシーニ、アドリア海に面したイタリアのペーザロ出身で、子供のころから作曲に非凡な才能を見せました。一八一六年には傑作《セビーリャの理髪師》というオペラ・ブッファを生み、一八二四年のパリ定住後はフランス語のオペラを連作します。ですが、一八二九年にパリのオペラ座で上演され、フランスのグランド・オペラの幕開けを飾った《ウィリアム・テル》を最後に、三七歳の若さで、とつぜんオペラの作曲をやめてしまうのです。

その理由をめぐって、ロッシーニ自身はなんと、「美食に生きるため」と説明していますが、一説には翌年の一八三〇年に起きたパリ七月革命で、フランスの体制が変わったことによる喪失感からともいわれています。そんなロッシーニは、同時代の作曲家ガエターノ・ドニゼッティやヴィンツェンツォ・ベッリーニと同じく、歌唱の技法を究極まで高めたベルカント作曲様式の旗手といえるでしょう。

オペラは一七世紀にフィレンツェで生まれて以来、過去や現代にその題材を広く求めてきました。そして、歌と言葉、劇と音楽からなる総合芸術として、四〇〇年ものあいだにさまざまな作曲家を通して発展してきたのです。

私自身のオペラ初体験は、モーツァルトの《フィガロの結婚》でした。ロッシーニの《セビーリャの理髪師》の原作と同じ、劇作家ボーマルシェによる戯曲ですから、この両作品は兄弟といえる関係です。しかし、まだ一〇代前半の子供だったせいもあり、大人どうしの恋の駆け引きが理解できず、正直いってなんだかとても退屈した記憶があります。たしか音楽評論家の吉田秀和氏が、その著書のなかで「話の内容はさておきモーツァルトのオペラ《コジ・ファン・トゥッテ》が音楽的にいちばん好きだ」と言っています。

オペラはこのように、歌や音楽、あらすじ、演出、衣装など、どこを切り取っても、それぞれに魅力があります。そしてその楽しみは、人生がたどる季節によってどんどん変化してくるとも感じています。

ちなみに、もっとも好きな舞台はと問われれば、迷うことなく二〇〇四年にドイツの誇るテノール歌手、ヨナス・カウフマンがフロレスタンを演じた舞台《フィデリオ》をあげます。指揮はニコラウス・アーノンクールでした。ベートーヴェンが作曲したオペラはこの一曲のみ。それだけに、ベートーヴェンの魂と情熱をより感じられると思います。

《フィデリオ》は、レオノーレという女性が男装し、「フィデリオ」という名で監獄に潜入、政治犯として拘留された夫フロレスタンを救出する物語です。オペラの終盤、夫を捜し当てたレオノーレは、隠し持っていたパンを与えます。その直前には、近く処刑されるはずのフロレスタンに憐憫を感じた刑吏によって、ワインの施しもなされています。

ワインとパン。もちろんそこには、キリスト教における「聖餐《せいさん》」のイメージが投影されているわけですね。このように西洋の芸術は、キリスト教の影響を考えずに解釈することはできないのです。

もちろん、リヒャルト・シュトラウスもビゼーもプッチーニも、そのオペラ作品のなかに「食の場面」をしばしば取り入れており、たとえばワーグナーの《パルシファル》では、「聖餐（聖杯）」の場面まで主要テーマとして扱っています。

しかしここではもうひとつ、「食事あるいは食卓」が運命の圧倒的な激変をもたらす仕掛けとして用いられた、モーツァルトの《ドン・ジョヴァンニ》にふれておくことにしましょう。

このオペラ、婚礼とか宴会とか、やたらと食事の場面が多く、それは主人公ドン・ジョヴァンニの旺盛な活力を（すばらしい音楽とともに）示しているわけですが、終幕のテーブルでとんでもないことが起こります。自分が殺してしまった騎士長の「亡霊」を、なんと主人公が食事に招いた結果、本当にその亡霊がやってきてしまうのです。

テーブルには、ワイン（マルツェミーノ＝イタリア北部の赤ワイン）やおいしそうな食事が並び、ドン・ジョヴァンニは恐れることなく、騎士長をその食卓に招きます。しかし騎士長は「天国の者は地上の食をとらないのだ」と言い放ち、けっきょくドン・

ジョヴァンニを地獄へと引きずり込んでいく、というシーンです（ドン・ジョヴァンニは「そんな［まずそうな］天国には行きたくない」という捨てぜりふを残しますが）。

私が映像で推薦するのは、二〇一六年にザルツブルク・フェスティヴァルで上演され、NHKでも放映された、エッシェンバッハ指揮ウィーンフィルによる演奏です。見た目も歌唱も演技でも、これほど美しく力づよい歌手をそろえたオペラは、なかなかないでしょう。そして、舞台をさりげなく現代風にしつらえた演出のみごとさ。よだれの出そうな食事のシーン、ダンスの振り付け、それぞれの衣装のモチーフなど、すべてにわたって一級品の舞台だと思いました。

ただし、オペラはもちろんこうした映像で鑑賞してもよいのですが、できればいちどは劇場に足を運んでみてください。音楽や舞台が張りめぐらす臨場感を味わってほしいからです。そしてこの臨場感こそ、音楽と食の共通項だと感じています。作曲家、演奏家などを問わず、音楽関係者に美食家が多いのも、彼らがひとえにこの「生き生きとした楽しみ」を知っているからにちがいありません。

8 東ヨーロッパ

スラヴの世界

スラヴ人の世界

世界各地にいろいろな人が住んでいます。私たちはその人々を、何らかのキーでグループに分けて考えるのが普通です。「国民」は国籍をキーにして分けたグループであり、「民族」は言わば文化を共有する人々のグループです。文化とは先に述べたように、そのグループの個性みたいなものです。

現代のヨーロッパには、大きな民族グループが三つあります。講談社の『日本語大辞典』には、その三つが次のように定義されています。

ラテン民族	アーリア人種のうち南ヨーロッパに分布し、(インド・ヨーロッパ語族ロマンス語派の) ラテン語から分化した言語を使う民族。
ゲルマン民族	インド・ヨーロッパ語族ゲルマン語派に属する言語を用いる諸民族。北・西ヨーロッパ諸国民の根源をなしている。
スラブ人	インド・ヨーロッパ語族のスラブ語派に属する言語を有する諸民族の総称。ヨーロッパの東・中部に居住。

やはり、文化で重要なのは言語らしいですね。この内容を図表7－1に重ねると、ごく大まかに図表8－1のようになります。前回はヨーロッパを地理的に四つに分けましたが、文化的には三つに分けられるわけです。

西半分のうちの南寄りはラテン人世界で、宗教は基本的に旧教（カトリック）、酒ではワイン・食では野菜が目立ち、伝統的調理法はボイル、油はオリーヴが主体です。

西半分のうちの北寄りはゲルマン人世界で、宗教は基本的に新教（プロテスタント）、酒ではビール・食では肉が目立ち、伝統的調理法はロースト、油はラードとバターが主体です。

東半分の主な部分はスラヴ人世界で、宗教は基本的に正教（オルトドクス）、酒ではヴォトカ・食では肉が目立ち、伝統的調理法はシチュー、油はラードが主体です。

今回の対象である地理的な東ヨーロッパの諸国は、次のように分類できます。

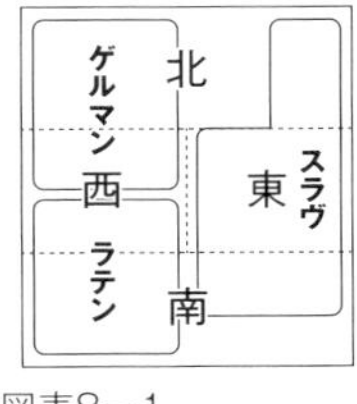

図表8－1
ヨーロッパの民族分布

東スラヴ語群	ロシア、ベラルーシ、ウクライナ
西スラヴ語群	ポーランド、チェコ、スロヴァキア
ロマンス語派	ルーマニア、モルドヴァ
ウラル語族	ハンガリー

東ヨーロッパの主役はスラヴ(語)人です。

ロシア

前章でも少しお話ししたとおり、八八二年にスウェーデンのヴァイキングであるルーシ族が、今のウクライナのキエフに公国を建てたのに始まります。ロシアはルーシに由来します。このあたりは一二四三年から二五〇年近くのあいだ、モンゴル発のキプチャク・ハン国の支配下にあり、一六一三年にロマノフが皇帝に選出され、東漸を重ねて一七三二年にはカムチャトカを征服、一九一八年に革命でロシア社会主義連邦ソヴィエト共和国が成立、一九九一年にソ連解体でロシア連邦となりました。現在の国土は一七〇〇万平方キロ、ヨーロッパは全体で一〇〇〇万平方キロですから、「東ヨーロッパ」内にはとうてい収まりませんが、それでもロシアはここに含めて扱うのが適切でしょう。

食で有名なのは、まずキャヴィアですね。キャヴィアはご存じのとおり蝶鮫《ちょうざめ》の卵で、世界三大珍味の一つに数えられます。またまた三大何トカです。ほかの二つは、家鴨《あひる》か鵞鳥の肥大肝臓であるフォワ・グラと、西洋松露《しょうろ》と訳される茸のトリュフです。

キャヴィアはイクラの一種、というと奇異に聞こえるかもしれません。しかしイクラはロシア語で魚卵の意味だそうで、親の魚が何であれ、卵はどれもイクラなのです。赤いイクラは鮭の卵つまり私たちのイクラ、黄色いイクラは鯔《ぼら》の卵つまり唐墨《からすみ》、そして黒いイクラが蝶鮫の卵つまりキャヴィアです。キャヴィアは親のサイズによって、三つに分けられます。

大	三〜四メートル	ベルーガ	高級品
中	二メートル前後	オショートル	中級品
小	一〜二メートル	セヴリューガ	並級品

色は黒、よいものはグレー、最高級品は金色と言われます。一度だけありがた〜くいただいたことのあるそれは、さすがに金色ではないものの、たしかに黄色がかっていました。

　キャヴィア以外の名物を幾つか挙げます。「ヴォトカ」は麦やジャガ芋から造る無色の蒸留酒です。アルコール度四〇くらいのヴォトカを、多くのロシア人はストレートで飲みます。「紅茶」は濃いめに淹《い》れてお湯で薄めるのが、昔ながらの飲みかたです。添えられるジャム（砂糖煮の果物）はそれに溶くのではなく、合の手にスプーンで舐めるものです。「黒パン」は酸味あるライ麦パンです。ライ麦は寒くてやせた土地のロシアに適しています。「スメタナ」は乳酸菌で発酵させたサワークリームです。さまざまな料理にこれを加え、味に膨らみを持たせるのです。

　一般に、料理の出しかたには、大きく分けて二通りあります。和食コースのように、先付け・椀盛り・造り・口代わり……と時間に沿って順番に出してゆく「時間展開型」と、旅館の「部屋食」のように、すべてをテーブルいっぱいに同時に並べる「空間展開型」とです。ロシアは、ヨーロッパにおける時間展開型の本家です。

初めがザクースカ（前菜）です。キャヴィアはその花形ですし、ほかに塩漬け魚とか冷製肉とかサラダとか、多彩です。詰物入りパイのピロシキもあります。次が「第一料理」で、たいていはスープです。ビーツで赤く染まったボルシチや、肉入りキャベツスープのシチーが典型です。「第二料理」がメインディッシュで、知名度からしても代表はビーフ・ストロガノフでしょう。ストロガノフはロシア貴族の名前です。一八世紀末にストロガノフ家のコックが考案したと伝えられるこの料理は、薄切り牛肉と玉葱のソテーのスメタナ入りトマトソース煮込みであり、バターライスを添えて出されます。ハヤシライスのロシア版みたいなところから、日本人にも人気があります。コースの最後はデザートです。キセーリというゆるいフルーツゼリーは、果物の保存に長《た》けたロシアらしいデザートです。忘れてならないのは、アイスクリームです。アイスクリームは寒いところがおいしい。高級レストラン以外で普通に食べられるアイスクリームは、モスクワが世界最高ではないかと思っとります。

ロシアのアジア部分についてもふれておきましょう。一六世紀半ばから末まで、ウラル山脈のすぐ東に、キプチャク・ハン国系のシビル・ハン国があ

りました。このシビルがシベリアの語源です。ウラル山脈の西、つまりヨーロッパ側から見て、山脈の向こう全体がシベリアだったのです。「向こう」の南寄りは、カザフスタン・モンゴル・中国との国境沿いです。北寄りは、いわゆる極北地域です。極北の人々は、アザラシやセイウチや北極熊などの「猟」か、鮭や鱒《ます》や岩魚《いわな》などの「漁」か、トナカイの「牧」か、それらの組み合わせかによって、生活を立ててきました。

ウクライナ

ロシアの西南部に接して黒海に向けてひらけ、ソ連時代にはその穀倉と呼ばれたほどの、実り豊かな土地です。そして、ロシア料理を代表するスープであるボルシチの故郷でもあります。モスクワなど北の地方ではキャベツスープのシチーが優勢なのに対し、ロシア南部ではボルシチが主流なのは、本家がさらに南のウクライナだからです。よく知られる料理としては、ほかにキエフ風カツレツがあります。キエフはルーシ以来の古い町で、現在のウクライナの首都です。平たく叩いた鶏の胸肉にバターを包んで衣を着せ、バター焼きしたもので、ナイフを入れると、肉の中からバターがジュウと飛び出します。

食と関係ありませんが、ウクライナはまたコサックの発祥地です。コサックは一五～一六世紀にポーランドの搾取に反抗した、ドネプル川下流域のタタール人の武装集団です。一七世紀にロシアによる領土拡大の尖兵として使われたりしました。指導者の一人ステンカ・ラージンは、唄にもなっていますね。

ポーランド

ポーレ（草原の）ランド（国）の名のとおり、バルト海に面した平原地帯です。一七世紀からは周囲の強国の侵略を受けて、苦労が続きました。この国では三食のうち朝と晩はパンが主食、昼はジャガ芋といわれます。豚肉と発酵キャベツの煮込みのビゴス、すもも入り団子のクネドレ、それに東ヨーロッパに多いユダヤ人アシュケナージたちのものか、ユダヤ風茹《ゆ》で鯉のゼリーかけなどがあります。

料理史上に名を残すのは、一七三八年ウィーン条約でロレーヌ公国の主になった、ポーランド王スタニスラス・レクツィンスキです。美食家だった彼自身は、お菓子のサヴァランやマドレーヌを紹介し、フランスのルイ一五世に嫁入りした娘は、それに加えてメレンゲや、鶏肉やハムといった材料を賽の目に切って衣揚げする、ポーランド料理クロメスキを宮廷に伝え、のちにそれがフランス国内に広まったのです。

ハンガリー

ウラル系とアルタイ系が混血したマジャール人が、九世紀にウラル地方から移住して建てた国です。一六世紀からオスマン帝国、一八世紀からはハプスブルク家の支配を受け、第一次大戦で独立しました。この国の人名は日本と同じく、姓・名の順です。ブダペストの友人に確かめたら、「なに、どっちが先でもいいんだ」と言われ、驚いたのを覚えています。

ハンガリーの特色は、何と言ってもパプリカの香りです。料理としてはグヤーシュ（グーラッシュ）ですね。牛肉と玉葱のパプリカ風味スープ煮で、バターライスかヌードルかジャガ芋を添えます。海のないこの国にはバラトンという大きな湖があり、そこからの淡水魚のフライやボイルも名物とされます。

東ヨーロッパ

代表的な料理

〈ロシア〉


ボルシチ……ビートとさまざまな野菜、牛肉やソーセージなどを煮込んで、スメタナをかけたスープ。ウクライナ風、シベリア風など、各地方で素材や調理法の異なる数十のボルシチがあるという。ただ、ビートを入れる点は共通。

なおスメタナは、サワークリームと訳されるヨーグルトに似た乳製品。

ロシア的色彩が濃く、公式の宴にも日常食にも用いられる。

具材はほかに、ベーコン、トマト、人参、玉葱、キャベツ、セロリ、ポアロなど。

実だくさんで煮込んだ赤いシチュー。

〈ハンガリー〉

グーラッシュ（グヤーシュ）……もっとも代表的なハンガリー料理。

スープ（グヤーシュ・レヴェシュ）であり、日本の味噌汁のような料理。

ドイツなどではハンガリーとは異なり、「蒸し煮またはシチュー」が多い。

シチュー式の具材は、牛肉、ラード、パプリカ、じゃが芋、玉葱、ニンニク、トマト、塩コショウ、できれば生のグリーペッパーなど。

五感を刺激する絵画

美術にみる食

絵画鑑賞が苦手、という音楽家の友人がいます。理由は、絵画は観《み》る側の感覚に働きかけてこないから、とのこと。なるほど、視覚的表象である絵画は、どうしても知識による解釈が優先されてしまう傾向にありますね。そのような場合はぜひ、絵画に描かれている「食」に注目して鑑賞してみましょう。

もともと西洋絵画には、食べ物や飲食にまつわる主題がとても多いのですが、これは宗教的な意味合いだけでなく、絵画を観る「快楽」を増大させるためだともいわれます。絵画は、まさに「食」の力を借りて、視覚だけでなく味覚をも想起させることにより、観る者の感覚にさらにつよく働きかける力を帯びることになります。

物を正確に描写することで、かえって視覚の限界を乗り越えようとしたオランダの「食卓画」は、その意味でとても興味ぶかいジャンルといえます。一七世紀初頭に活躍したフローリス・ファン・デイクの《チーズのある静物》は、ハード系の中型チーズがテーブルの真ん中にどかんと積まれています。チーズ好きの私にとって、ヴェンチェンツォ・カンピの《リコッタチーズを食べる人々》に見られる民衆の悦楽とは対照的に、静かに眺めたい作品です。

この絵には、なんと四つの基本的な味覚が描かれています。リンゴの酸味、チーズの塩味、ブドウの甘味、そして木の実の苦味です。ちなみに、日本で見出された「旨味」も、最近では味覚の一つとして世界に認知されつつありますね。

絵画のなかには、さらに欲ばって人の五感をすべて詰め込んだ、いわば「五感の寓意」を主題としたものがあります。そのもっとも魅力的な例の一つが、ルーブル美術館所蔵のリュバン・ボージャンによる《チェス盤のある静物》（一七世紀・下図）でしょう。

もともと西洋には、目に見える具体的な物や人に抽象的な概念を重ねる、という独特の思考法がありますが、絵画でも同様に、描かれた物が、神や聖人の属性を示すことがあるわけです。たんに物を表現したように見える静物画でも、別の意味を担う芸術となり得るのです。そのように観れば、ボージャンの《チェス盤のある静物》における鏡は視覚を、リュートと楽譜は聴覚を、花は嗅覚、パンと

ワインは味覚を、そしてトランプカードやチェス盤は触覚を、それぞれ表しています。
(宮下規久朗『食べる西洋美術史』光文社新書)

さらに、一七世紀のフランドルの画家、ピーテル・パウル・ルーベンスは、ヤン・ブリューゲルとの共作で、まさに《五感》の連作を描いています。ルーベンスといえば、ベルギーのアントワープ聖母大聖堂所蔵の《キリストの昇架》と《キリストの降架》であまりにも有名ですね。

このゴシック様式の大聖堂で見上げるように鑑賞した《聖母被昇天》には、私も感動を覚えずにはいられませんでした。あの『フランダースの犬』のネロのように、といえばわかっていただけると思います。博物館としてアントワープに残されているルーベンスの家は、それこそちょっと油断をすると迷子になるほどの大邸宅です。彼は画家として名を馳せましたが、学者、外交官としての才能も開花させ、ヨーロッパを舞台に活躍しました。

食事の情景は、キリスト教的なテーマと並び、あるいはときにそれと重なりながら、今でも西洋美術の重要な主題でありつづけています。食というプリズムを介した絵画鑑賞の仕方は、ことによると、西洋の文化全般にアプローチするうえでの、きわめて有効な手がかりの一つなのかもしれません。

9

西ヨーロッパ

「ザ」ヨーロッパ

ケルト、ラテン、ゲルマン

そして、西ヨーロッパです。私たちが「ヨーロッパ」としてイメージするのは、ほとんどの場合この西欧、図表9―1の国々です。緯度は北海道より北であるものの、アメリカ東海岸沖から来る世界最大のメキシコ湾流のおかげで、全般的にそれほど寒くはなりません。気候は大部分が「西岸海洋性」、農牧は海岸寄りや山岳部が酪農業、内陸の平野部がいわゆる商業的混合農業です。

	国々	語派
大陸部	フランス、モナコ	ロマンス語派
大陸部	ベルギー、スイス	ロマンス語派／西ゲルマン語派
大陸部	ドイツ、オーストリア、リヒテンシュタイン	西ゲルマン語派
大陸部	オランダ、ルクセンブルク	西ゲルマン語派
島嶼部	イギリス、アイルランド	西ゲルマン語派

図表9－1
西ヨーロッパの国々

フランス……材・工・伝で料理の本家

中国と並ぶ料理の本家と、誰もが認めます。どうしてフランスは本家なのでしょうか。

一つには、自然からの「材」です。北緯五一度から四三度までの暑すぎも寒すぎもしない位置に、少しの山地と地味の肥えた広い平野を持つ、六角形の国土があります。面積はロシアを除くヨーロッパでウクライナの次に大きく、六角形の三辺は海岸線です。そこから質も量も豊かな食材を産出します。ちなみに、日本の食料自給率は三八％ですがフランスは一二七％。イザとなっても、いわば自分で食べていける国です。

また一つには、社会からの「工」です。フランスは一五八九年からのブルボン朝の時代にヨーロッパ第一の強国となり、しばらくしてそのヨーロッパが世界をリードするようになりました。富と力があるところに人は集まり、技は発達します。

さらに一つは、気質による「伝」です。どうもこの国の人々には、職人仕事に好意をもち、物事を体系的にとらえ、何であれ文書化しようとする傾向があるようです。工夫のあとが大切に体系化され文書化されると、それが累積し伝わってゆきます。材と工と伝のうちのどれか一つ、あるいは二つを持つところは他にもあるでしょう。しかし、三つすべてが揃うのはフランスだけで、それがフランスを、誰もが認める料理の本場にしているのではないかと思います。
そのフランスも、昔から本場だったわけではありません。フランス料理がその地位を確立したのは、一七世紀後半の絶対王政期です。ルイ一四世の下で、先に挙げた三要素が揃ったんですね。それが王侯中心のキュイジーヌ（料理）クラシーク（古典的）であり、革命後の富裕市民中心のグランド（大）キュイジーヌ、第二次大戦後の一般市民中心のヌーヴェル（新）キュイジーヌを経て、現在に至っています。

前にロシアが「時間展開型のヨーロッパにおける本家」とお話ししました。フランスはじつは「空間展開型の本家」でした。料理をテーブル一面に並べていたのです。贅沢な宴会では、一面去ってまた一面とか、どーだとばかりの三面目とかもありました。革命後にロシア宮廷に招かれて行ったシェフが帰国後にロシア式を導入した、いやあれは駐仏ロシア大使がパリで紹介したのだ、といろいろな説がありますが、いずれにせよフランスは二〇〇年ほど前にロシアから時間展開型を取り入れて、今では順を追って料理を出しています。

順を追って、ですけれども、現在のフランス料理では、皿数はそれほど多くありません。多くないどころか、前菜と主菜の二皿が普通です。前菜かスープで一皿、魚か肉で一皿の、計二皿です。デザートは別です。それで満腹になる量で作ってあります。定食コースも、基本的に「二皿＋デザート」で組まれています。小皿料理を一〇も二〇も出す形は別の話として、前菜・スープ・魚料理・肉料理・サラダと進むいわゆるフルコースにお目にかかるのは、日本のホテルの結婚披露宴でくらいのものでしょう。

その「定食コース」は、フランス語でムニュと言います。綴りは英語のメニューと同じです。お品書きのほうはフランス語でカルト、英語のカードです。その大判カードのなかから単品を選ぶやりかたが、ア・ラ・カルト（英語に直訳すればアット・ザ・カード）です。

「フランス料理」などはない、あるのは地方料理だけだ、といわれるほど、地方料理は多彩です。北京固有の料理が北京烤鴨《ダック》くらいなのにも似て、パリ固有の料理はブフ・ミロトン（薄切り牛肉と玉葱のバター炒め煮）くらいのものです。マルセイユのブイヤベース（魚介のゴッタ煮スープ）、南西地方のカスーレ（塩漬豚肉と白隠元などの土鍋煮込み）、地中海地方のラタトゥー

イユ（茄子《なす》とズッキーニとピーマンのオリーヴ炒め煮）、東部地方のシュークルート（発酵キャベツとソーセージと塩漬豚肉の煮物）は、良質豊富な地方料理の一端です。

ドイツ……ビール・ジャガ芋・ソーセージ

ドイツと来れば、ビールとジャガ芋とソーセージですね。

ビールの造りかたには、表面に浮かぶ酵母で常温発酵させる上面発酵と、底に沈む酵母で低温発酵させる下面発酵の、二つの方式があります。イギリスのエールやスタウトは前者、日本やアメリカをはじめ多くの国で親しまれるラガーは後者によります。ドイツではもちろん、どちらの方式もさかんに行われています。下面発酵だと爽やかに、上面発酵だと個性的に出来上がると言われます。

デュッセルドルフに着くたびに、古い方式の上面発酵によるその名もアルト（オールド）を立て続けに飲んで、「好きだなあ、ドイツ！」と思ったりします。

ジャガ芋を多く食べるのは北部であり、南部ではパン粉と混ぜた団子状のクネーデル、南部の西寄りでは小麦粉パスタのシュペッツレをよく食べます。

豚肉加工品のなかでは一般に、ハムが高級品でソーセージは大衆品です。ソーセージには、肉を茹でたものあり燻製にしたものあり、血や内臓を詰めたものあり、種類は数限りないほどです。ドイツでは、煮炊きした温かい料理を食べるのは昼か夜かの一回だけで、あとの二回はカルテス（冷たい）エッセン（食事）です。ソーセージはチーズと並ぶ、カルテス・エッセンの主役です。

国際的な名物料理は、ハンガリー風牛肉シチューのグーラッシュと、薄切り仔牛肉カツのウィーン風カツレツくらいでしょう。どちらもドイツ風でなく外国風ですね。国内的な名物らしいメットブロートという、豚生肉のタタキ載せカナッペを出されたときは怯《ひる》みました。ドイツ人たちに「ダイジョブ。我々はずっとこれを食べて、今もこうして元気でいる。十分な人体実験済みだ！」と励まされ、意を決してナマの豚肉を初めて食べ、「んまいな、これ」と思わず口走りました。

イギリス……もおいしい

なぜまずいのかについては、諸説あります。食に興味を持つのは紳士にふさわしくない、にぎやかな食事は品がない、正しい社会的訓練は粗食から、といったヴィクトリア朝的？な考えかたが影響しているとか語られます。しかし物は言いよう、料理は食べよう、おいしいものを選んで食べればよいのです。

おそらく世界最高水準にある朝食と、観光バスさえそのための休憩をとる午後のお茶（受け）を口にすると、これを作る人間がどうしたらあんな昼食夕食を作れるのか、訝《いぶか》しく思います。

いや、その昼食だってローストチキンとかフィッシュアンドチップス（ポテトフライ添え魚のフライ）を食べ、夕食だってローストビーフかシェパーズパイ（マッシュトポテトかけ挽肉のオーヴン焼き）にアップル・クランブル（砂糖かけ煮林檎のオーヴン焼き）でも食べれば、イギリスも捨てたものではないと感じるに違いありません。

南部のイングランドと分かれて独立しようかと窺《うかが》う北部のスコットランドは、いうまでもなくウィスキーの故郷です。ハイランド・ローランド・アイラ島・キャンベルタウンの四地区で、大麦からのモルトウィスキー、とうもろこしからのグレインウィスキー、両方を混ぜたブレンデッドウィスキーを生産しています。

フランスのオー・ド・ヴィ、ロシアのヴォトカ、北ヨーロッパのアクアヴィットと同じく、ウィスキーも「生命の水」を語源とします。この蒸留酒と、羊の胃に内臓肉とオートミール（砕いたからす麦）を詰めて茹でた料理ハギスは、タータンチェックとバグパイプの国の飲と食の花形です。

ビッグスリー以外では……

オランダとフランスとドイツに囲まれたベルギーは、言語もその三か国語を公用語にしています。料理ではムール貝の白ワイン煮、お茶菓子ではチョコレートとワッフル（フランス語ではゴーフル）が国際級代表選手です。国内級では、カラスのビール煮を食べたことがあります。

スイスはドイツ語・フランス語・イタリア語・レトロマン語を公用語とし

ています。他国からの軍事的脅威には自国で対処するのが建前の永世中立国であり、収穫した小麦は備蓄にまわし、古いものから食べることにしているそうです。塩水に漬けて乾燥させた牛肉の塊を、薄く削ぎ切りにするビュントナーフライシュや、鍋に溶かしたチーズを角切りのパンにからめて食べるフォンデューや、ふかしたジャガ芋に溶けかかったチーズを削って添えるラクレットがおいしいのですが、ラクレットなど、調子に乗って食べると胸焼けすることになります。

オーストリア料理として知られるのは、ドイツの項でふれたヴィーナー（ウィーン風）シュニッツェル（薄切り）ですね。あれは、ミラノを支配下に置いたころのハプスブルク家のコックが、ミラノ風カツレツを移入したものと伝わっています。「アプリコットジャム塗りチョコレートスポンジのチョコレートかけ」のザハートルテ、薄生地で林檎を巻いたアプフェルシュトルーデル、グーゲル（僧侶帽）形パウンドケーキのグーゲルフップフ（クーグロフ）は、スウィーツの都ウィーンを代表する銘菓です。しかし一緒に飲もうとしても、「ウィンナコーヒー」はありません。アインシュペナーを注文すれば、ホイップクリームを浮かせたあのコーヒーが出てきます。

西ヨーロッパ　代表的な料理

〈フランス〉

カスレ……白インゲン豆と肉やベーコン、ソーセージなどを陶器の鍋（カスレはオック語で陶器の鍋）で煮てから、オーブンで焼き色をつける。

南西部ラングドック地方の料理。

カステルノダリー、トゥールーズ、カルカッソンヌなどで独自の進化をとげた。

肉は数種用いることもあり、香味野菜、トマトペーストなどを合わせる。

一五世紀には原型があったとされる。

〈オーストリア〉

ウィンナー（ヴィーナー）**シュニッツェル**……薄切り仔牛肉の「カツレツ」。

イタリアでミラノ風カツを知ったラデッキー将軍（シュトラウスの行進曲で有名！）が、自国にレシピを持ちかえったという説もある。

薄い仔牛肉を肉たたきでさらに薄く伸ばし、包丁でスジを入れて塩をふり、小麦粉・卵・パン粉の順で衣をつけて焼く。

バターとレモンは必需品。

宴会の「義務」とは何か

社会にみる食

パリのオペラ上演の中心は、市東部にあるモダンな歌劇場、バスティーユ・オペラ座です。このオペラハウス、フランス革命の発端となったバスティーユ牢獄の襲撃から二〇〇年を記念して、一九八九年七月一三日に完成しました。ちなみに、シャガールの天井画で魅力的なパリ・オペラ座（ガルニエ宮）では、今はおもにバレエを観ることができます。

バスティーユ・オペラ座で、プッチーニ作《西部の娘》を観劇したときのこと。過度に現代風の演出に少々辟易《へきえき》したからか、がぜん食欲が湧いてきて、近くのブラッスリー「ボファンジェ」で遅い夕食をとりました。一八六四年創業で、アルザス料理を提供するこのブラッスリーは、少し観光地化されているものの、店内を彩るベル・エポックの装飾がみごとですし、ドーム内の花のモチーフはとても可憐です。

もちろん、発酵させたキャベツにソーセージなどの豚肉加工品や、ジャガイモ等を添えた「シュークルート」を味わえるお店としても、訪ねる価値があると思います。

ちなみに、ブラッスリーとはいわゆるビヤホール。ドイツとの国境アルザス地域の人々がつくったお店だけに、こうした形態となったのは自然な成りゆきでしょう。レストランより気軽で、ビストロより広く、とにかく明るく愉しいサービスと、華やいだ雰囲気が印象的でした。

フランス革命はアンシャン・レジーム（旧体制）の崩壊を招きましたが、パリの街角に一気にレストランが増えはじめたのも、この革命がきっかけです。フランス革命で失業した貴族のおかかえ料理人が街にあふれたことや、食に関わるギルドが解体されたり、地方からパリに上ってくる人が増加するなど、いくつかの要因が重なってたくさんのレストランが開業、しだいにパリの外食産業が花開いていきます。

本章でも触れられていますが、そのころのフランスでは、現在の日本のように、何皿かを一度にテーブルに並べる給仕法が採用されていました。いっぽう、寒いロシアでは一八世紀から、料理をできたてで温かく食べられるという理由から、一皿ずつ提供されていました。一九世紀にこの給仕法をパリのロシア大使館が導入したことで、フランス全体にも徐々に普及し、現在に至るわけです。少々ややこしいのですが、こうした現在のサービス法は「ロシア式給仕法」と呼ばれています。

この「ロシア式給仕法」によるフランスでの食べ方は、先にも説明があった「時間展開型」と考えられます。[6] 前菜、メイン、デザートが一皿ずつ時間を追って供される、時系列な食べ方というわけです。いっぽう、日本での典型的な食べ方は、「空間展開型」と呼ばれます。ご飯、お味噌汁、おかずを、まんべんなくお箸が行き来する様子を想像してみてください。まさに、空間的な食べ方ですね。

ただ、こうした「時間展開型」と「空間展開型」は、食べ方にかぎらず、人々のあいだで行われるコミュニケーションの形式そのものとも関連づけられます。たとえば、宴会に遅れてきても、「空間展開型」の食事のばあいは、問題なく加わることができます。つまり、その「場」に入ることができるわけです。いっぽう、「時間展開型」の食べ方のばあい、宴会に遅れてきた人は、躊躇してなかなかコミュニケーションの輪に溶けこめないかもしれません。つまり、宴会では、最初から「時間」を共にすることが、半ば義務化されるということです。フランスでは人と時間を共有し、日本では場所を共有して交流を図る、と考えると、さまざまな事象が腑に落ちるのです。

6　福田育弘『「飲食」というレッスン：フランスと日本の食卓から』三修社　三八頁

10

南ヨーロッパ

バルカン、イタリア、イベリア

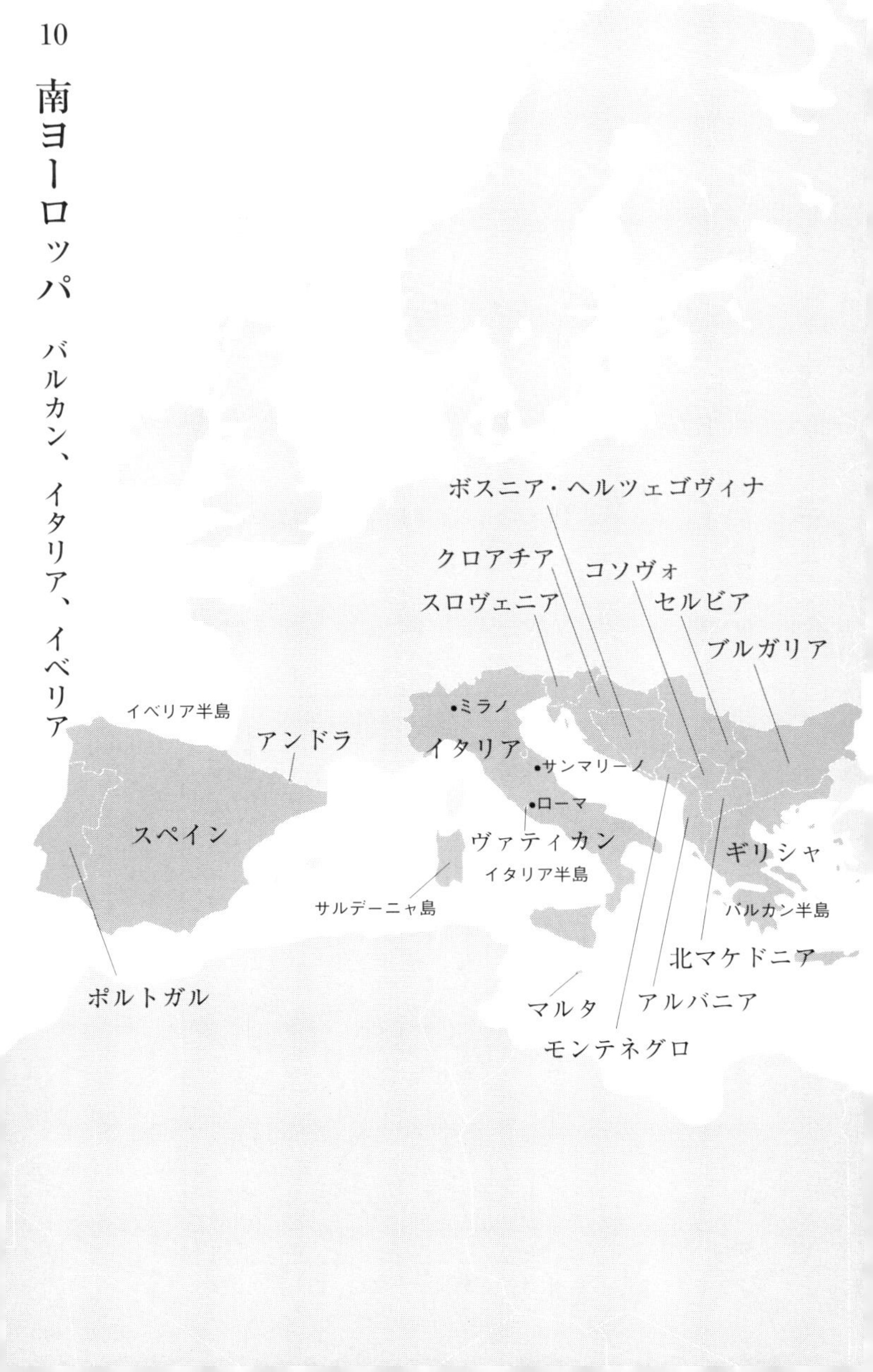

三つの半島

南ヨーロッパは地中海に突き出た三つの半島の地域です。東端のブルガリアが黒海に、西端のポルトガルが大西洋に面していますが、基本的に「ヨーロッパのうちの地中海世界」といえるでしょう。半島別に国をまとめると、図表10－1のようになります。キプロスは地理的にはアジアですけれども、EUの加盟国であり、ここに含めておきます。もっとも北は、クロアチアの首都ザグレブの北緯四六度で稚内くらい、もっとも南は、マルタ島の三六度で東京くらい、「南」ヨーロッパは日本の北半分ほどの位置にあたります。ミニ国家が多く、世界最小のヴァティカン、二番目のモナコ、他にも六一平方キロのサン・マリーノ、三二〇平方キロのマルタがあります。

かつて欧米など先進国の「北」と、アジア・アフリカなど発展途上国の「南」との、南北問題が語られました。現在はヨーロッパ内で豊かな北と貧しい南

バルカン半島	旧ハプスブルク圏 スロヴェニア、クロアチア、ボスニア・ヘルツェゴヴィナ 旧オスマン圏 セルビア、コソヴォ、モンテネグロ、北マケドニア、アルバニア、ギリシャ、(キプロス)、ブルガリア
イタリア半島	イタリア、ヴァティカン、サン・マリーノ、マルタ
イベリア半島	スペイン、アンドラ、ポルトガル

図表10－1　南ヨーロッパの国々

の、南北問題が語られています。ＥＵ内でも南が北の足を引っ張っているというのです。ポルトガル・イタリア・ギリシャ・スペインの頭文字をつなげて、ＰＩＧＳ（豚ども）と陰口を叩かれたりします。その声は、何年か前のギリシャ危機のときに、いっそう大きくなりました。しかし経済と違って、食はかならずしも北高南低とはいえないようです。

バルカン半島

東は黒海、南は地中海（エーゲ海とイオニア海）、西も地中海（アドリア海）に囲まれた半島です。残る北は、アルプス山中からセルビアの首都ベオグラードまでをサヴァ川、ベオグラードから黒海までをドナウ河で区切られます。

バルカンはブルガリアの山脈の名前です。東ローマ帝国の領域で、その滅亡後はオスマン帝国の支配下に入り、西部地域にはその後ハプスブルク帝国が進出しました。列強のせめぎ合いの場となって「ヨーロッパの火薬庫」と呼ばれ、ボスニア・ヘルツェゴヴィナの首都サライェヴォで起きたオーストリア皇太子暗殺事件が、第一次大戦の発端となったのは有名です。第二次大戦後には、ギリシャとアルバニアとブルガリアを除く地域がユーゴスラヴィア（南スラヴ人の国）連邦を結成しました。しかし図表10－2のような複雑さから、ソ連解体後には数か国に分裂しています。

一つの国	ユーゴスラヴィア
二つの文字	ラテン、キリル
三つの宗教	カトリック、オルトドクス、イスラム
四つの言語	スロヴェニア、クロアチア、セルビア、マケドニア
五つの民族	スロヴェニア、クロアチア、セルビア、マケドニア、モンテネグロ

図表10－2
旧ユーゴスラヴィアの内情

食の分野では概して、オスマン・トルコの影響が残っています。典型的には羊の串焼きのシシ・ケバブであり、挽肉団子のキュフテであり、挽肉と米と野菜のキャベツ包み煮込みのサルマです。

地中海はオリーヴの海ともいわれ、生産量はスペイン、イタリア、ギリシャの順です。しかし料理にあらわれるオリーヴ度（？）は、体感的にはギリシャが断然トップです。これでもか、とばかり使うのです。どの家でも食卓には、日本の醬油のように、オリーヴ油とワイン酢があると聞きます。「一帯一路」のターミナルとして中国が運営を始める前に、アテネのピレウス港のレストランで、オリーヴ油に溺れているかに見える魚料理を食べたことがあります。

ギリシャの前菜からは、鱈子《たらこ》とジャガ芋と玉葱のオリーヴ和えペーストのタラモ（鱈子）サラタ（サラダ）、魚料理からは当時の植民地マルセイユでのちにブイヤベースになった魚介鍋のカカヴィア、肉料理からは茄子《なす》の牛挽肉サンドのムサカを挙げておきましょう。

ブルガリアは、カフカス山脈の北側にいたトルコ系遊牧民のブルガール人が、先住のスラヴ人を征服して六八一年に建てた国です。とにかくヨーグルトで知られていますね。ミルクが乳酸発酵して（蛋白質カゼインが固まって）クリーム状になったもので、ブルガリアでは牛、水牛、羊、山羊の乳で作ります。

スネジャンカは、ヨーグルトに胡瓜《きゅうり》の賽の目切りと香草を入れたサラダ、タラトールは薄めたヨーグルトに同じく胡瓜や香草を入れた冷製スープ、ショプスカは山羊のチーズを生野菜に削りかけたサラダです。ヨーグルトは干し果物を刻み入れたり、煮た果物にかけたりして、デザートにもします。ブルガリアは酪農王国です。乳でなく肉のために、イベリコ豚ならぬ東バルカン豚も飼われています。

イタリア半島

私たちは古代ローマ帝国を歴史の授業で教わりますが、それから第二次大戦前の日独伊三国同盟までのイタリアはあまり知りませんね。小さな国々に分かれていたこの半島がようやく統一されたのは一八六一年です。明治維新のほんの数年前であり、それまでの「イタリア」は、オーストリアの宰相メッテルニヒが言ったように、たんなる地理的概念であって国ではない状態だったのです。

長靴形のこの国は、大きく北中南の三つの部分に分けられます。北部は、北イタリアを横断してアドリア海に注ぐポー川流域を中心とする地方で、首邑《しゅゆう》はミラノです。かつてミラノ公国はハプスブルク家の支配下にありました。経済的には北部が中部南部を圧倒しており、ために「北が南を食わしてる」といったり、南の人々を「マカロニ食い」と蔑《さげす》んだりしました。このマカロニはパスタの総称です。これに対して南の側は北の人々を、「ポレンタ食い」といい返しました。ポレンタはとうもろこしの粉の粥《かゆ》や餅です。昔はそれが北部の貧民の主食だったからです。でも北部が美食の地方であることは、地名を聞くだけでもわかります。ミラノ（ミラネーゼ）、ボローニャ（ボロニェーゼ）、（ワインの）バルバレスコ、（チーズの）ゴルゴンゾーラ、（ハムの）パルマ……

中部はポー川流域の南を東西に走るアペニン山脈より南、長靴の向こう脛《ずね》に当たる部分で首邑はローマ、かつて教皇領があった地方です。日本で「金曜日はワイン」というコマーシャルがありましたけれども、毎日がワインのローマでは、「木曜日はニョッキ」という言いかたがありました。ニョッキは小麦粉とマッシュトポテトを練って丸めた団子です。ローマではこれをよく食べます。ついでながら、ローマがあるラツィオ州の地に紀元前一〇世紀に定着したのがラテン人です。

南部はそれより南の旧ナポリ王国の地方で、首邑はもちろんナポリです。かつてスペインの支配下にありました。軟質小麦からパンや生パスタを作る北部と違い、南部は硬質小麦から乾燥パスタを作ります。長短太細、いろいろな形のパスタは乾燥パスタであり、南部はパスタの本場です。スパゲティ・ナポリタンは、アメリカで南イタリアからの移民たちが故郷をしのんで作りだした、いわばアメリカ製パスタ料理です。トマトソースの場合、イタリア

ではコン（と共に）スーゴ（ソース）ディ（の）ポモドーロ（トマト）と、説明的にいうのが普通です。

イタリア料理につきものの感じのそのトマトは、南アメリカ原産の野菜です。したがって、イタリアがトマトを知ったのは、コロンブスよりあとのことです。イタリアではパスタを、初めはチーズ味で食べていました。ラードやバター、砂糖とシナモンで食べた時期もありました。トマトが一般に使われ始めたのは、一九世紀の初め、イタリア料理が国民料理として成立してからです。

現在のイタリア料理は、「三皿＋デザート」が標準的構成です。アンティ（前）パスト（食事）が前菜、プリモ（第一の）ピアット（皿）がスープ、セコンド・ピアットがメインの魚か肉、そしてドルチェ（甘いもの）です。前にお話ししたロシア料理とまったく同じです。パスタはスパゲティもラヴィオリもポレンタもニョッキもリゾットもピッツァも、すべてミネストローネとともにスープ扱いです。ですから簡略にと考えて、三皿でなく「前菜とメイン」や「パスタとメイン」の二皿構成は構いませんが、「前菜とパスタ」や「スープとパスタ」はおかしな組み合わせになります。

もっともイタリアらしい料理は、やはり仔牛でしょう。薄切り肉と生ハムをバター焼きしたサルティンボッカや、筒切りの骨つき脛肉とトマトの蒸し煮オッソ・ブーコなど多彩です。そもそもイタリアという名称が、古ラテン語のウィトゥルス（仔牛）に由来するくらいです。

イベリア半島

イベリアは、古代の住民イベレスからその名がつきました。正統カリフ時代のあとを受けたウマイヤ朝の勢力が七一一年に侵入してから、アラゴン・カスティーリャ両王国がグラナダを陥落させる一四九二年までのあいだ、イベリアはアラブ人の支配下にありました。日本でいえば、平城京が都となった翌年から、奈良・平安・鎌倉の全期を経て室町の三分の二までの、実に八〇〇年ちかくです。

闘牛、フラメンコと来て、ではスペインの料理はと考えると、まず浮かぶのはパエーリャでしょう。「スペインの米料理。鶏肉・魚介・ソーセージをオリーヴ油で炒め、サフランを加えて炊く」と、日本の国語辞典にさえ載っています。ムール貝も、ときには伊勢海老も入っているパエーリャは、スペインの伝統的な国民料理と思われがちです。しかしこれは二〇世紀も半ばを過ぎてから、東部バレンシア地方の鶏肉と野菜と米の雑炊に、観光振興ツールとして脚光を当てたものです。

本来はパンと肉の熱いスープである、南部アンダルシア地方のガスパチョも、中部カスティーリャ地方の深鍋ゴッタ煮のコシードも同様です。ご当地グルメが国全体の観光振興役に引っ張り出された感じです。どれもマドリッドやバルセローナで食べると、いかにもスペインらしさが漂って、ありがた〜い気がします。

スペインの食はパンとワインとオリーヴと、そして豚肉と言われます。とくにイベリコ豚が有名であり、日本のフランス料理のメニューでも常連です。この黒豚は、餌や放牧期間や増加体重によるランキングまでされています。加工品のハムには、塩漬け腿肉を茹でた加熱ハムと、乾燥・熟成させた生ハムとがあり、なかでも白豚のハモン（生ハム）セラーノ（山の）は、プロッシェット・ディ・パルマと金華火腿《きんかかたい》とともに、世界の三大ハムと呼ばれます。

ここでもまた「三大……」です。

日本で最近よく見かける「バル」は、フランスのキャフェやイギリスのパブのスペイン版、とも呼ぶべき店のことです。無料の突出《つきだ》しピンチョ（「突出し用の楊子」から）、有料の突出し的料理タパ、一人前に分けた小皿料理ラシオンなどが出されます。タパスはそのタパの複数形です。

半島のうち一五％ほどの面積のポルトガルは、エンリケ航海王子やヴァスコ・ダ・ガマが活躍して香料貿易で利益をあげた後、王家断絶でスペインの支配下に入り、一七世紀半ばにふたたび独立しました。食の代表は「ポルトガルといえば干鱈《ひだら》」の干鱈バカリャウを、ジャガ芋や縮緬《ちりめん》キャベツと茹でたバカリョアダ、エッグタルトのパステル・デ・ナタ、砂糖と卵黄入りミルク煮した米のアロシュ・ドースなどです。

南ヨーロッパ

代表的な料理

〈イタリア〉は、統一されてまだ一五〇年。地方ごとにさまざまな伝統食、郷土食がある。イタリア料理はその集合体。北部では生パスタ、バター、南部では乾麺、オリーヴオイルなどと、メインの食材も違う。

サルティンボッカ……仔牛肉にセージ、生ハムを重ねた、白ワイン風味のソテー。原語のとおり「口に飛び込む」ように、サッと作れるイタリアの肉料理。ジューシーな豚肉にフレッシュなセージとレモンを合わせるなど、多種多様。ローマが有名。

〈スペイン〉

パエーリャ……平たい鉄鍋でコメを炊いたヴァレンシア地方の料理。サフランで、色と香りをつける。具は地方によって異なる。肉、魚介、各種野菜など。基本のヴァレンシア風は、魚介は入れず、鶏肉やウサギ肉を使う。料理名は、独特の鍋の名前から来ている。

風土を生かし、伝統を守るために

法にみる食

世界のワインには、法律にもとづく制度によって品質を保証されているものが、たくさんあります。たとえばイタリアでは、原産地名称保護制度（Denominazione di Origine Protetta）が施行されており、ＤＯＰなどと略されています。目的は、伝統的な食料・飲料の品質管理と、生産物の保護のため。具体的には、地域を指定して、基準を満たす生産品だけに特定の原産地名をつけた販売を許可する制度です。ほかにも、チーズなどがこの制度によって保護されており、こうした動きはいまやＥＵ各国にも広がっています。

フランスのワインでも、こうした制度は有名ですね。原産地呼称統制（Appellation d'Origine Contrôlée）略してＡＯＣと呼ばれます。生産地とその歴史が育てた製品の特徴を、きわめて厳格に示す認定制度です。ロシアの発泡ワインを「シャンパーニュ」と名乗らせない、カリフォルニア・ワインを「シャブリ」と名乗らせない、というような目的のために、この法律が整備されました。まさにその地域の素材を使い、伝統を生かし、優れた製品をつくろうとしてきた生産者の、たゆまぬ努力の証しといえる法でしょう。

なおAOCは、農産物に対して幅広く適用される制度です。現在、全体としては四五五種の生産物が指定され、そのなかの三六四種は、ワインやコニャックなどの酒類。チーズが四九品種。さらにほかの四二種として、果物、野菜、オリーブオイル、肉、蜂蜜、桃製品、香辛料、飼料、エッセンシャルオイルなどが指定されています。そしてEUは、全体として二〇〇六年以後、AOP（Apellation d'Origine Protégée）という制度をつくりました。AOCのEU版といったところでしょうか（英語ではPDOと表記）。

具体的に、世界でもっとも有名なチーズ、チェダーを例として説明しましょう。現在、世界中でつくられているこのチーズの歴史はとても古く、起源は一六世紀のイギリス南西部にまでさかのぼることができます。元来は円筒形のどっしりとしたもので、夏の製造後に保存したチェダー渓谷が、名称の由来だということです。ところが、チーズが世界中に広がるにつれ、伝統的な形が失われていきました。その消失を危惧した生産者たちが、「ウェスト・カントリー・ファームハウス・チーズメーカーズ」を結成（一九八二年）、農家と伝統製法を保護する役割を果たしていったのです。

その後、一九九六年六月、欧州委員会により、農産物及び食品の原産地名称保護（Protected Designation of Origin，略してPDO、先に述べたイタリアのDOPやフランスのAOPと同じ）の指定を受けました。製法が伝統的である、また生産地区が限定されていること、そして似かよったチーズがなく個性的である、という三つの取得条件を満たしたのが「ウェスト・カントリー・ファームハウス・チェダー」です。このチーズは、同地区以外で生産されたチェダーとは一線を画し、継承された技術と伝統的な独自の方法によって、現在も生産されています。

ちなみに、伝統製法によるこのチーズは、ナッツのような非常にまろやかな風味のなかにもほのかな刺激があり、チーズ内部は堅く、やや粗い質感、色は均質でクリーム色がかった黄色、そして固形分中脂肪分四八％以上、という特徴を備えています。

ところで、EUが創設したPDOに認められるには、きびしい条件があります。原材料から完成品になるまで、製品名にうたわれる定められた地域において、規定の製法により、生産・加工・調整された食品であることが求められるのです。認証を取得した製品には、赤と黄色のマークが付けられていますから、ぜひ注目してみてください（マーク内の言語表記は製品の生産国の言語、たとえばイタリアならＤＯＰ）。

世界で愛されるチーズはいろいろありますが、チェダーの次はカマンベールだと思います。やはりこのチーズにも、伝統製法で呼称保護された「カマンベール・ド・ノルマンディ」があります。産地はカルヴァドス県やウール県、原料乳は無殺菌の牛乳、熟成期間は最低二一日ですが、このうち一六日間は製造エリアに置かれなければなりません。また、直径は一〇・五～一一センチ、高さ三センチ、重さ二五〇グラム以上とも指定されています。いっぽう、こうした縛りのない、ほかの地域でつくられたチーズには、ただのカマンベールという名称がつけられています。

まだあまり浸透していないようですが、日本の農林水産省が最近制定した「地理的表示保護制度」は、ＥＵのそれと、ほぼ同じ目的をもった制度と考えられるでしょう。農水省のＨＰで、「地域には、伝統的な生産方法や気候・風土・土壌などの生産地等の特性が、品質等の特性に結びついている産品が多く存在しています。これらの産品の名称（地理的表示）を知的財産として登録し、保護する制度が『地理的表示保護制度』です。（この制度を通じて）それらの生産業者の利益の保護を図ると同時に、農林水産業や関連産業の発展、需要者の利益を図るよう取り組みを進めてまいります」と説明されています。

平成二七年一二月に第一号として登録されたのは、青森市などを中心とした地域で生産される「あおもりカシス」でした。その他、肉類、果物・野菜類など、平成三〇年四月現在で、合計六二種類の産物が認可されています。しかしこの制度はまだまだ発展途上で、たとえば高品質が世界に広く知られる現在の日本のワインに対しても、厳密な適用はこれからの課題といえるでしょう。

和辻哲郎は、著書『風土――人間学的考察』のなかで、「食物の生産にもっとも関係の深いのは風土である」と述べています。認証保護システムが、風土を最大限に生かした農産物や食品の生産にも、法の精神が欠かすことのできないひとつの例として、今後も世界で影響力を発揮していくことは間違いありません。

11 アフリカ 砂漠の北と南

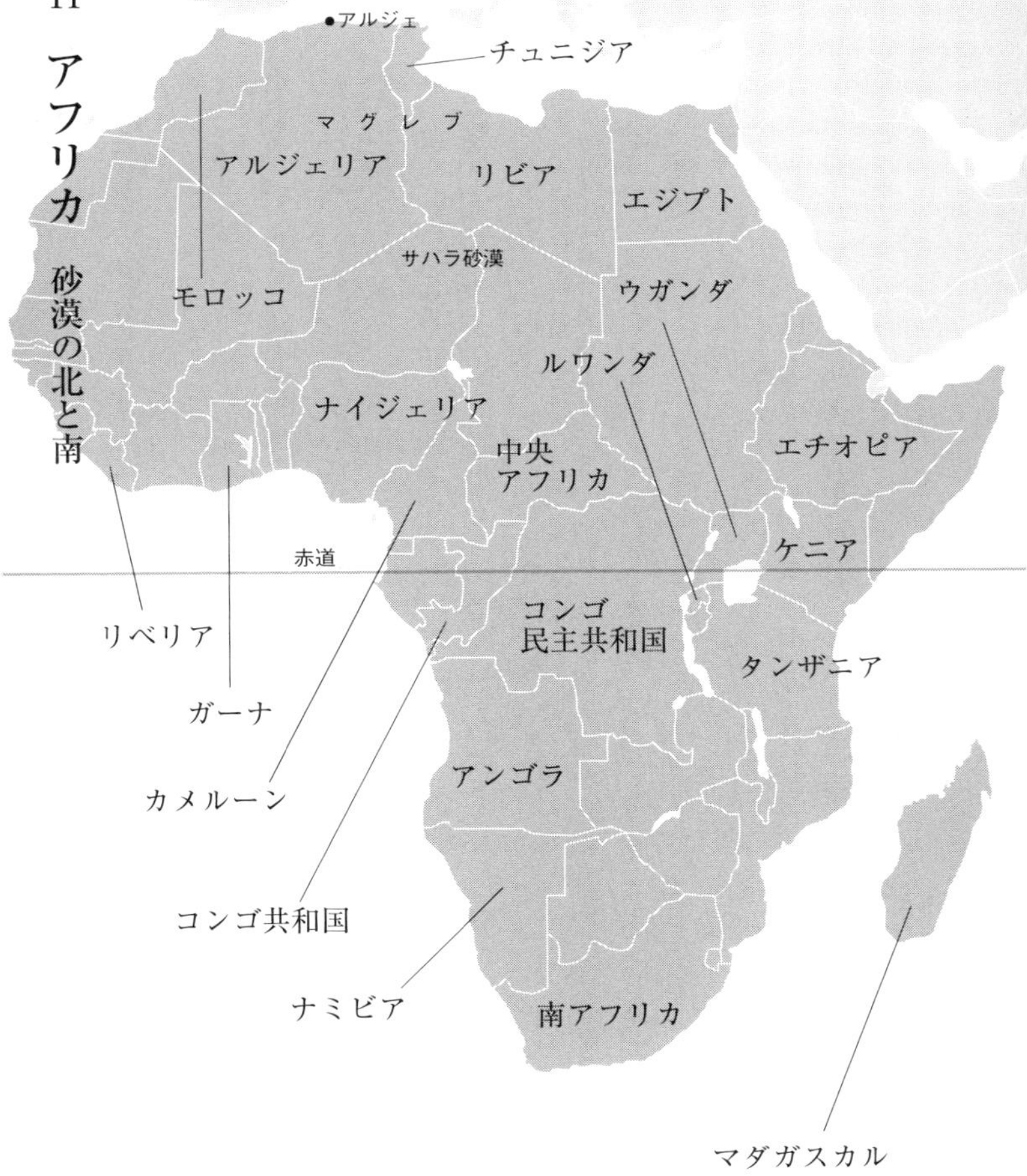

熱帯雨林、サヴァンナ、ステップ、砂漠……

アフリカはユーラシアに次ぐ大陸で、広さは南アメリカの一・七倍、オーストラリアの三・八倍もあります。その大陸に、五〇以上の国があります。ここもまた、幾つかに分けて考えられます。面積的にはやや不均等ながら、地中海沿岸の地域と、その南のサハラ砂漠よりさらに南の地域全体とに、まず大きく二分するのが一般的です。

北側には、イスラム圏に属してアラビア語を公用語とする国々があり、南側には、イスラム教のほかキリスト教や土着の宗教が入り組み、ナイル・サハラ系やニジェール・コンゴ系やコイ・サン系の言語を使う国々があります。まとめると、図表11―1のようになります。南側は地図上で砂漠より「下」にあるので、「サブ」サハラと呼ばれます。

肌の色に基づく人種という言葉はいまどき流行りませんけれど、これには黒い肌のネグロイド、黄色い肌のモンゴロイド、白い肌のコーカソイドの三つがあります。アフリカの北側にはコーカソイド、南側にはネグロイド、東海上のマダガスカル島にはモンゴロイドが、主に住んでいます。そのためサ

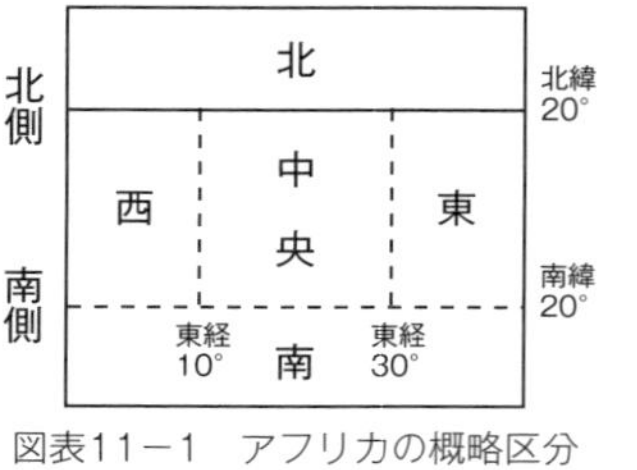

図表11－1　アフリカの概略区分

ブ・サハラをブラックアフリカ、対照して北アフリカをホワイトアフリカと称することもあります。

アフリカは暑い、と思われがちですね。しかし南北に八〇〇〇キロもある大陸ですから、どこもが暑いわけではありません。ほぼ中央を赤道が通っており、その周辺が暑いのは確かです。いわゆる熱帯雨林です。その南北両側にサヴァンナという草原があり、そのまた外側にステップという乾燥地帯があって、それからさらに北は大きなサハラ砂漠・南は小さなカラハリ砂漠、最後は北も南も温帯です。

つまりきわめてラフに言えば、赤道をはさんで、自然が幾つか帯状に展開しているわけです。最後のこの温帯というのは飲食上、とくに「飲」の面で大きな意味を持ちます。葡萄《ぶどう》が育つ、ワインができるのです。

南北にワイン、あいだにビールとスピリッツ

葡萄の原産地は今のイランで、年間平均気温が摂氏一〇度から二〇度の温

帯気候が、その生育に適していると言われます。どこの平均気温が何度かなど、すぐにはわかりませんから翻訳すると、おおむね緯度が三〇度から五〇度の地域です。

葡萄はイランを出発して、その範囲の東西に伝播しました。東は中国を通って日本にまで来ましたし、西は両岸伝いに地中海西端に達しました。ヨーロッパ側はトルコ・ギリシャ・イタリア・フランス・スペイン、アフリカ側はエジプト・リビア・チュニジア・アルジェリア・モロッコです。ヨーロッパ側の国々が、世界をリードするワイン生産国になっているのはよく知られています。しかしアフリカ側の国々も古くからワインを造ってきているのは、少なくとも日本ではあまり知られていないようです。アフリカ北岸は北緯三〇度以北のワインベルト内であり、マグレブの朝みたいな白ワインや、マグレブの午後みたいな赤ワインを産出します。

南半球でも、南緯三〇度と五〇度のあいだは葡萄の生育に適しています。今の南アフリカ南端は南緯三〇度以南のワインベルト内に位置しています。今の南アフリカ共和国の地に、一七世紀にオランダが葡萄を持ち込んでワイン生産を始め、一八世紀には伝説的な甘口「コンスタンシア」を生みました。現在ではメジャーな品種を中心に、赤白半々で生産量が世界第九位のワイン産地です。近年は品質も大いに向上しており、手ごろな値段で十分に楽しめます。このように大陸の北端一帯と南端は、温帯気候の恩恵にあずかってワインを産します。

そのほかの酒についても、かんたんにふれておきましょう。アフリカ人は椰子《やし》酒だけでなく、ビールもよく飲みます。もろこしやとうもろこしが原料です。一般に涼しいところの植物と思われる麦にも、暑いところで育つ種類があり、大麦で造るビールもあります。東アフリカのケニアのタスカーや、西アフリカのナイジェリアのグルダーなどが有名です。

よりアフリカ的なのは、スピリッツです。北アフリカのチュニジアのブッハはいちじくの、ケニアのケニアケーンはとうきびの、同じく東アフリカのルワンダのムバンザはバナナの、西アフリカのナイジェリアのシーマンズはパーム椰子の、それぞれ蒸留酒です。

ケニアとルワンダのあいだのウガンダにも、ワラージというバナナの蒸留酒があります。ウォー・ジン（戦争のジン）が訛《なま》ったとかの、デンジャラスな名前です。南アフリカ共和国には、アマルーラという木の実のクリームリキュールがあります。個人的には西アフリカのガーナの、植物の根から造るアロマ・ビタースが好きです。土っぽい苦さがたまらない四二度の蒸留酒で、アフリカ料理のあとにピッタリです。

北のクスクスと鳩料理

アラブ圏のうちリビアから西をマグレブと呼ぶと、前にお話ししました（第六章）。ただリビアだけはイタリアの植民地だったためか、「マグレブ三国」として一括されるのは、旧フランス領のチュニジア・アルジェリア・モロッコです。この地域を代表する料理は、今では日本でもすっかりおなじみになったクースクースです。日本語ではクスクスと書くのが普通ですね。

クスクスは、スムールという挽割り小麦を蒸したもので、それに肉や野菜の煮込みを添えた料理も、同じ名で呼ばれます。蒸すために使う孔のあいた鉢を指すアラビア語のケスケスが語源ですけれども、この料理じたいはアラブ人が入り込む前から、原住民のベルベル族が作っていました。肉は伝統的な羊・山羊・駱駝《らくだ》のほかに、鶏や肉団子やピリ辛ソーセージのメレゲズ、野菜はトマト・エジプト豆・蕪・人参・ズッキーニなどです。魚介仕立てもあります。

そのシチューをクスクスにかけて食べるわけですが、そこで欠かせないのがアリサです。アリサは、赤唐芥子とトマトとオリーヴ油と香辛料とでできたペースト状の調味料で、これが料理を引きしめます。引きしめ続ければ胸焼けするとわかっていながら、なかなかやめられません。アルジェで何度も胸焼けしました。

マグレブ料理ではそのほかまずアルジェリアに、羊の丸ごと串焼きローストのメシュイがあります。チュニジアのブリックは、挽肉と卵の小麦粉クレープ包み揚げです。モロッコのカフタは挽肉の串焼き、タジーヌは円錐形の蓋つき土器で、それを使った料理のことでもあります。同じくバステラは、鳩肉や鶏肉や卵や野菜やアーモンドを詰めて上から砂糖を振った、大型の円盤形パイです。

モロッコはインドと並ぶ香料王国として名高く、料理に使うスパイスは量も種類も豊富です。そして文字どおり「王国」なのがチュニジアやアルジェ

リアと違う点であり、王宮のキッチンが料理の洗練に大きく寄与したと思われます。

第6章で「世界三大料理」は、キリスト教世界代表のフランス料理、仏教世界代表の中国料理、イスラム教世界代表のトルコ料理と申しました。ヨーロッパ人、とくにフランス人のなかには、トルコでなくモロッコという人がかなりいます。彼らはその理由に、「塩味と甘味のバランス、繊細な香り、多彩な食材」を挙げます。モロッコもイスラム教国なので、イスラム教世界を代表する資格はありますね。

リビアの東隣のエジプトは、東部アラブ圏であるマシュリクに含まれます。そのとおりエジプトの食は、アフリカでありながらシシ・カバーブを先頭に、西アジアの影響を強く受けています。エジプトの代表を一つだけ挙げるとすれば、やはり鳩料理でしょう。何せ紀元前二六〇〇年には食用に飼育していた記録があるらしい、たいへんな食材です。新鮮なものほどおいしいとされます。

大衆的なのはマシュイ・ハンマムという焼鳥で、鶏より脂が乗っている肉がジウジウ言います。高級なのは、マハシ・ハンマムという、内臓を取り除いたところへ挽肉と玉葱と小麦と香草を混ぜて詰め、リキュールを振って火にかけた料理です。

南の主食と「煮込む」料理

熱帯雨林帯は西岸のリベリアあたりからギニア湾沿いに東へ、カメルーン・中央アフリカ・コンゴ民主共和国にかけて延びています。その先のウガンダやタンザニアになると、同じ赤道直下でも、高山気候になります。熱帯雨林帯はヤム・ベルト、つまりヤム芋地帯とも呼ばれますが、ヤム芋（山芋）だけでなくタロ芋（里芋）、マニオク（キャッサバ）、バナナ（料理用のプランテイン）などを主要作物としています。ヤム芋を茹でて潰して粉にして、練りあげて餅状にしたものがフーフーです。熱いうちに食べます。ヤム芋にかぎらず、マニオクその他でも作ります。

サヴァンナ地帯は熱帯雨林帯を大きく「つ」の字形に取り巻いており、主な作物は雑穀です。雑穀とはミレット（ひえ・あわ・きび等の総称）、もろこし、フォニオ（イネ科）など「雑」多な「穀」物です。これらを製粉し、やわらかい餅状にしたものがトーです。

西アフリカ・中央アフリカから東アフリカに移ると、ウガリが主役のようです。ウガリはとうもろこしの粉を練って、マッシュトポテトないしおから状にしたものです。

南側のアフリカ料理は端的には、これらの主食につけて、というか、かけてというか、要するに一緒にして食べる、ソースというかスープというかシチューというか、要するに汁ものを中心とするようにうかがえます。鶏の串焼きも豚のローストも骨付き羊のグリルも、ティラピアという鯛の妹のような淡水魚のフライもあります。しかし中心的なのはまちがいなく、それだけでは味のないフニャフニャムニュムニュの主食と一体化しておいしく変身させる、「煮込む」料理でしょう。唐芥子を砕いた調味料、その名も「ピリピリ」もまた、加えすぎたら胸焼けがします。

アフリカ　代表的な料理

〈北アフリカ〉

仔羊のクスクス……イタリアのパスタと同じ、デュラムセモリナ粉（小麦）でつくる粒状のいわゆる「世界一小さいパスタ」。先住民ベルベル人の伝統料理が起源という。クスクスを蒸して、仔羊、または魚や野菜の辛い煮込みをかけたものも、クスクスという。具材はクスクスのほか、ラム肉（できれば骨付き）、ひよこ豆、人参、じゃが芋、ズッキーニ、玉葱など。ほかに、ニンニク、オリーブオイル、チリパウダー、クミン、コリアンダー（粉）、トマトペーストなど。

〈モロッコ〉

仔羊のタジン……円錐形の蓋がある土鍋で蒸し煮にした、マグレブ地方の煮込み料理。タジンとは鍋のことを指したという。羊肉か鶏肉、香辛料をかけた野菜を煮込んだもの。ほかに紅茶に漬けたプルーン、シナモン、ニンニク、ジンジャー、乾燥サフラン、コリアンダー（粒）などを入れる。

九万回の食事と味覚

教育にみる食

最近、日本の小学校で「味覚教育」というプログラムが実施されているのをご存じですか。もともとは、フランスのワイン醸造学者であるジャック・ピュイゼ氏が始めた活動です。[7] ピュイゼ氏は、一九五九年にトゥールの分析研究所の所長に任命されましたが、仕事をとおして、個人の味に対する感じ方を評価する「感覚テスト」を確立させていきます。

研究所の職員にこのテストを実施したところ、人によって、味わいの評価が大きく異なることがわかりました。さらに、大人になっても、食べ物に対する感想が「美味しいかどうか」という紋切り型で終わってしまうことに大きな危惧の念をいだき、幼児期から味覚の表現をより豊かにさせる目的で、「味覚教育」を行おうと考えるに至ったのです。

自らを「味音痴」などという方がいますが、そもそも何かを味わうとき、わたしたちは何を手がかりとして、その「おいしさ」を判断しているのでしょうか。

まずは、味。舌で感じる基本的な味覚、すなわち、酸味、甘味、塩味、苦味、旨味、さらに辛味、渋味ですね。[注] 辛味は、味というより刺激に近いといわれます。次に、嗅覚や口で含んださいに感じる香りです。そして、そのかたさ、やわらかさ、滑らかさやのどごしなどといった一種のテクスチャー、また、食品の温度や外観、そして「サクサク」といった音も、美味しさにつながります。

なお、こうした食品じたいの要因だけでなく、食べ手の側の要素もたいへん大きいものです。食欲の度合い、アレルギーを含む健康状態、そして喜・怒・哀・楽や、ストレスなどの心理状態も大きな要因となるでしょう。

忘れてはいけないのが、食べ手がもつ背景的な知識や情報、教育レベル、文化や宗教、気候や風土、食事時間や空間などです。このように、食品そのものにとどまらず、環境的な条件が人の「美味しさ」の感じ方を左右する要因であることが、「美味しさ」を主観的にとらえざるを得ない理由なのです。

平均寿命から考えると、われわれは一生のうちに、九万回程度の食事をする計算となります。「食」のいとなみを日常のたんなる一コマにおとしめておくことは、とてももったいない感じがしますね。
人生をより豊かに生きるためにも、「食」に関わる教育は不可欠です。なぜなら、気候や風土と違い、食べ手の努力や成長しだいで、背景となる知識や情報を増やすことができますし、その結果、よりよく「食」を味わうことができるからです。豊かな人生はここから生まれる、と言ってもいいはずです。

ジャック・ピュイゼ氏は、七〇年代に「フランス味覚研究所（l'Institut Français du Goût）」（現在の「味覚研究所（Institut du Goût）」）[8]を設立し、味覚教育をフランス全土に普及させていきました。またフランス教育省は、「芸術と文化」と「味覚」とは密接に関係するという考え方から、二〇〇一年には味覚研究所の公式パートナーとなり、教員養成にも力を入れています。

子供にとっては、「味」が人それぞれに異なると知ることで、他者の存在を知り、多様性を感じることができます。また、自分の感じたことを言語化し、他者と共有することで、自己や他者の違いを認識することは、コミュニケーション力の育成にもつながります。

現在、日本で「味覚教育」がさかんに行われようになった背景には、じつはこうした理由が隠されているのですね。

7 露久保美夏「フランスの味覚教育の始まりと展開——ジャック・ピュイゼ氏の理念と実践から——」『日本調理科学会誌』 Vol. 48, No. 6, 435～438, 2015

8 http://www.institutdugout.fr/

注 舌で受けとる味覚について。舌の部位ごとに、察知できる味の種類が異なるという説があります。たとえば舌の先では「甘味」、両脇では「塩味」、奥では「苦味」などという具合に。そして舌の「味覚分布地図」がつくられ、いまもなおこの説を信じている方もあると思います（この説は、二〇世紀初頭のあるデータを一種の誤解にもとづいて採用した結果つくられた、などと言われています）。

しかし、二〇〇〇年以降になると急速に味覚の研究がすすみ、部位ごとに感知する味が異なるという説はくつがえされました。しだいにわかってきたのは、舌に分布する味蕾には味の受容体（センサー）細胞が存在し、その受容体のひとつひとつで、いろいろな種類の味を受け取っているということです。つまり「五味」すべては、舌のどの部分でも感知できるわけです。これは、経験からいっても納得できる話だと思います。ただしそれでも、部位によっていくらか味の偏りはあるかもしれないという説もあるように、味覚についての研究はまだまだ発展途上にあることは確かでしょう。

12

南アメリカ

中米を含めたラテンのアメリカ

世界「六」大文明

アメリカはパナマ運河を境に、北アメリカ大陸と南アメリカ大陸とに分けられますが、中央アメリカというのもあります。辞書に「南北両アメリカ大陸を結ぶ地峡部の七共和国が占める地域。広義には、メキシコやカリブ海の諸島も含めることもある」とされているところです。パナマ運河より北側に位置しますから、地理的には北アメリカの一部ですけれども、「中南米」という言葉があるように、たいていは南アメリカと一緒に扱われます。主な言語がスペイン語であり、文化的にラテン・アメリカとして一括するほうが自然なのでしょう。

整理すると図表12−1のとおりです。なお「アメリカ」は、「①南・北アメリカ大陸、西インド諸島を含む地域の総称　②アメリカ合

中央アメリカ	大陸部＝メソアメリカ地域 メキシコ、グァテマラ、ベリーズ、エルサルバドル、ホンジュラス、ニカラグァ、コスタリカ、パナマ	
	島嶼部＝カリブ海域 キューバ、ジャマイカ、ハイチ、ドミニカ共和国、バハマ　他八か国	
南アメリカ	高地部＝アンデス地域 ベネズェラ、コロンビア、エクアドル、ペルー、ボリビア、アルゼンチン、チリ	
	低地部＝平原地域 ブラジル、パラグァイ、ウルグァイ、ガイアナ、スリナム	

図表12−1　ラテンアメリカの国々

衆国の略」です。ここでは①の意味で用います。

私たちはメソポタミア・エジプト・インダス・黄河が世界の四大文明だと教わりますね。文明とは（農業によって増えた人口が都市をつくり、そこで職業が分化して生じた）汎用知識の成果、と言えます。アメリカには中央アメリカのメソ（中央）アメリカ文明と南アメリカのアンデス文明との、独自に発達した二つの文明がありました。中心地はそれぞれ、メキシコとペルーです。ですから正確には、この二つを含めて「世界六大文明」と言うべきなのでしょう。

四〜九世紀に繁栄したマヤ文化や、一四世紀半ばからのアステカ文化はメソアメリカ、一〜八世紀のナスカ文化や一五世紀半ばからのインカ文化はアンデスです。アステカ帝国は一五二一年に約五〇〇人のエルナン・コルテス軍に、インカ帝国は一五三三年に一六八人のフランシスコ・ピサロ軍に滅ぼされました。

コロンブスの交換

そのようにスペインそしてポルトガルが、中南米はじめ世界各地で植民地化を進めました。当然そこに、支配圏をめぐる両国の争いが起こります。当時は国連など存在しないので、国際紛争の調停はローマ教皇に持ち込まれました。一四九三年の教皇裁定に基づく条約で決まったのが、現代風に言えばだいたい西経五〇度の線で、世界全体のそれより東はポルトガル、西はスペインとなりました。いま中南米でブラジルだけがポルトガル語、他のほとんどがスペイン語なのはこれによります。

大西洋をはさむ貿易がさかんになりました。ヨーロッパからアフリカに武器や工業製品、アフリカからアメリカに奴隷、アメリカからヨーロッパに砂糖や綿花の、いわゆる大西洋三角貿易です。奴隷は合計で一〇〇〇万人、そのうち四〇%がカリブ海域、三八%がポルトガル領、

	旧世界から	新世界から
穀物	麦 米	とうもろこし
豆	大豆 豌豆	隠元 落花生
野菜	玉葱 キャベツ	カボチャ トマト
根菜	タロ芋 ヤム芋	ジャガ芋 薩摩芋
果物	葡萄 オリーヴ	パイナップル アヴォカド
香辛料	胡椒	唐芥子
嗜好料	茶 コーヒー	カカオ 煙草
家畜	牛・豚 馬・羊	七面鳥

図表12−2
新旧世界の食物交流

一六％がスペイン領、四％がイギリス領、二％がその他に運ばれたといわれます。

食の分野では、「旧世界」のヨーロッパが知らなかった食材が「新世界」のアメリカから持ち帰られ、反対に旧世界の食材が新世界にもたらされました。それをまとめたのが図表12－2です。

こうしてヨーロッパに渡ったアメリカの食材は、東廻り（インド側の各地経由）で日本に届きました。一五四三年の種子島以降です。唐からに違いないと「とう」もろこし、明の「隠元」（禅師）豆、「南京」豆の落花生、カンボジアからだろうと「カボチャ」、ジャカルタから来た「ジャガ」（タラ）芋、鹿児島に入った「薩摩」芋、「唐」芥子、といった命名でわかりますね。

食材以外で重要なのは、病気です。新世界の梅毒が旧世界に、旧世界の天然痘やはしかが新世界に広まりました。新世界の人口が激減したのは、旧世界との戦闘ではなく、耐性がなかった病気のためです。病気を含めたこれらの交流は、コロンブスによる「新大陸発見」の結果生じたので、「コロンブスの交換」と呼ばれます。

メソアメリカ地域……とうもろこし

穀物にもやはり「世界三大……」があり、旧世界の米と小麦、新世界のとうもろこしがそれです。現在の世界の生産量は、米が四・八億トン、小麦が七・二億トン、とうもろこしが八・七億トンだそうです。

とうもろこしの粉を練って円盤状の薄焼にしたのがトルティーリャ（トルティージャ）で、メソアメリカの主食とも呼ぶべき食物です。最近は日本でもメキシコ料理店が増え、各種の具をはさんだトルティーリャによくお目にかかります。具を載せた小型のがタコス、唐芥子ソースをかけたのがエンチラーダです。

よく知られるソースは、スパイス入りの潰《つぶ》しアヴォカドのワカモレと、カカオやアーモンドをすり潰してスパイスを加えたモレですね。メキシコの古い町オアハカで、モレをかけた肉料理をご馳走になったときは、「う、ステーキにチョコレートをかけるのか」とたじろぎましたけど、別に甘いわけではなく、おいしくいただきました。

カリブ海域……クレオル料理

　コロンブスが「インドに着いた！」と錯覚したことからその名がついた西インド諸島は、バハマ諸島・大アンティル諸島・小アンティル諸島の三群で構成されます。大小のアンティル諸島がそれぞれ北側と東側を区切るのがカリブ海です。

　この海域の料理のキーワードは「クレオル」です。クレオルとは本来、植民地生まれのヨーロッパ人を指す言葉です。それが「現地化した本国文化」を意味するようになりました。クレオル料理は「現地料理化した本国料理」です。つまり、まずスペイン人ならスペイン人がスペイン料理を植民地に持ち込み、それを現地の食材を使って作り、そのうちそこへ原住民の料理を取り入れた結果、スペイン本国とはやや違った仕立てになった料理、です。パエーリャを元にした鶏肉入り炊き込みごはんのアロス・コン・ポーヨや、エスカベーチェを元にした酢油漬け白身魚のペスカード・エン・エスカベーチェは、その典型です。

　高級コーヒー「ブルーマウンテン」の産地ジャマイカには、ありあわせの肉や野菜やスパイスを入れたシチューのペパーポット、ドミニカ（共和国）には、角切りベーコン・ソーセージ・野菜・芋を入れてバナナを加えた煮込みのサン・コ・チュー、キューバには、豚肉や野菜や芋やとうもろこしを入れて唐芥子を利かせたスープのアヒアコ、と数えていくと、似たおもむきの料理が多いのに気づきます。

料理としてはやはり、フランス領のマルティニーク島かグァドループ島がいちばんでしょう。マルティニークの首邑フォール・ド・フランスで食べた、揚げ魚のトマトソース煮のドーブ・ド・ポワソンや鶏肉のカレー煮のプーレ・オー・カリには、クレオル料理の精華の感がありました。

アンデス地域……ジャガ芋

アンデスは南アメリカ北端のベネズェラから南端のチリまで、大陸の西側を七五〇〇キロ走る世界最長の山脈です。地上絵で有名なナスカは、ペルーの南岸近い盆地にあります。インカ帝国の首都クスコは、山脈の反対側三四〇〇メートルにあり、マチュピチュ遺跡はそのすぐ西北です。

ジャガ芋はこのアンデスが原産地です。冷涼な気候を好むため、標高三〇〇〇メートル以上で作られます。三〇〇〇メートル以下では、これまたペルー原産の、温暖な気候を好むとうもろこしが主な作物です。ペルーの高地ではワッティアという蒸しジャガ芋が主食で、西側の海岸地帯では魚介炊込みごはんのアロス・コン・マリスコスをはじめとする、コシーナ（料理）クリオーリャ（クレオルの）が主体です。近年は首都のリマを中心に、コシーナ・ニッケイ（日系）がさかんになっています。

平原地域……マニオク

大陸北部のギアナ高地北側に位置するガイアナとスリナムは、東隣のフランス領ギアナとともに「ギアナ三国」と呼ばれます。ガイアナはイギリス、スリナムはオランダの植民地でした。それと南部のラプラタ河流域のパラグァイとウルグァイを除いた広大な部分が、国土面積世界第五位のブラジルです。

料理的には四つの地方に分けられ、それぞれに日本でもおなじみの料理があります。

　古都サルヴァドールを中心とする東部森林地帯の代表は、豆と肉を煮込んだフェイジョアーダです。首都ブラジリアのある中部高原地帯では、炒めた刻み干肉と玉葱を米とともに炊き込んだ、マリア・イザベルを挙げておきます。サンパウロやリオデジャネイロを含む南部温暖地帯には、岩塩で味つけした牛肉を炭火で焼きながら切り取るシュラスコがあります。アマゾン河流域の北部湿潤地帯は、マニオクの緩いペーストに肉やソーセージを入れて煮たマニソーバでしょう。

　そのマニオクは別名がキャッサバという低木で、肥大した根茎が食用になります。和名はイモノキと申します。主食のほか、ポテトチップスならぬキャッサバチップスとか、粉にベーコンを混ぜてバター炒めしたファロファとかにも使われます。精製したでんぷんがタピオカであり、私たちがデザートで知っている、プヨッとした丸い小さなタピオカパールはそれから作られます。

南アメリカ

代表的な料理

〈メキシコ〉

トルティーリャ……すり潰したとうもろこしの粉や小麦粉でつくった薄いパン。メキシコ（やアメリカ）では、とうもろこし一〇〇％が伝統的。地域や家庭によっては小麦粉を混ぜたり、大きさや厚さ、食感など多種多様なものがつくられている。ピザ大のものも。スパイシーな味つけでは、炒めた挽肉をピリ辛のサルサソースで調味して具材にする。

〈ブラジル〉

フェイジョアーダ……豆と豚肉や牛肉の煮込み。ブラジル、ポルトガル、アンゴラ、東ティモールなど、ポルトガルおよびその旧植民地の料理。それぞれ独自の発展をとげ、素材は国によって異なる。フェイジョアーダは調理時間が長く、材料の種類が多い。名称は「フェイジャオン（豆）を使った料理」という意味。黒いフェイジャオン（インゲン豆）と豚の脂身、豚や牛の干肉または燻製肉、リングイッサという生ソーセージ、豚の耳や鼻、足、尾、皮などを、ニンニクと岩塩の塩味でじっくり煮込んだ料理。素焼きの壺に入れ、皿に盛ったバターライスや籠に入れたパン、オレンジなどと供される。

赤と緑のフルコース

色彩にみる食

地中海性気候の恩恵を一身に受けた芸術の街、バルセロナ。陽光の中のカサ・ミラ、グエル公園、サグラダ・ファミリアなど、モデルニスモ作品の見どころがたくさんありますが、食の街としての魅力も、世界の人々をひきつけてやみません。

スペインはもともと、キリスト教、イスラム教、そしてユダヤ教の影響を受けて食文化を形成してきた地域です。たとえば、ユダヤ教の安息日に食べていたアダフィナという豆と野菜の煮込み料理は、セファルディム（スペイン系ユダヤ人）からスペインに伝わりました。この豆はスペイン語でガルバンソ。いわゆるひよこ豆ですね。現在スペインで食べられている煮込み料理コシードは、このアダフィナに豚肉などの肉類が加わったものです。

この料理の変化は、まさに宗教の影響とみることができます。一五世紀末、ユダヤ教徒追放令によってキリスト教に改宗したユダヤ教徒が、その意思を端的にみせるために、ユダヤ教徒の食べない豚肉が入れられたというわけです。

ところで、バルセロナを中心とするカタルーニャ地方は、自国スペインからも、隣国フランスからも、独立精神が強いのはよく知られるところではないでしょうか。私がバルセロナを訪ねたのは数年前のことですが、街の一軒一軒にまでカタルーニャの旗が掲げられていたのがとても印象的でした。

そしてバルセロナでは美味しいものにたくさん出会えましたが、私にとって「イカ墨のパエーリャ」は、そのなかでも忘れられない一皿となりました。「鍋」も、いわゆるパエーリャパンではなく、直径三〇センチ、高さ一五センチほどの大きな鍋で運ばれてきた料理は、パエーリャというよりリゾットに近いものでした。思わずわっと声をあげそうになるほど驚いたのは、その盛りつけ方です。なんの飾りもない、ただ黒光りするお米の塊は、とても美味しそうには見えない代物でした。

料理はふつう、「色を食べる」といわれるほど色彩にはこだわるものです。私たちはさまざまな刺激を外部世界から受け取っていますが、事実、その八七％は視覚によるものだといわれています。そして、なによりシェフがどれほど料理の見せ方に心を砕くか、疑うべくもないことでしょう。それはまさしく古今東西、あらゆる地域の食文化のなかで、料理関係者たちが必死に考え抜いてきた「料理の技法の集大成」でもあるのです。和食における懐石の器のアンサンブルや、料理の上におかれたほんのわずかな緑のあしらいなど、枚挙にいとまがないくらいです。「目にもおいしい」とは、日本語でもよくいわれる言葉ですね。

ただ、このパエーリャには常識とはまったく異なる次元のパワーがありました。イカ墨のコクが最大限発揮された味と魚介の香りは、一%といわれる味覚刺激と、二%といわれる嗅覚刺激をはるかに凌駕する、強烈な味の感覚を私にもたらしてくれました。

ところで、スペインにはとてもシンプルな料理があります。たとえば、「タコのガリシア風」。タコを茹でただけの料理ですが、仕上げにスモークしたパプリカ粉末「ピメントン」を振りかければ、あっというまに鮮やかな赤が引き立つスペイン料理に変身します。

そして、もうひとつ簡単料理をあげるとすれば、やはり、緑鮮やかなガリシア州「パドロンの青唐辛子のオリーヴオイル炒め」でしょう。青唐辛子を炒めて塩を振っただけの、これまたシンプルな料理です。面白いのは、この青唐辛子の辛さに当たりはずれがあること。食べ手の度胸が試されます。

ついでにいえば、同じスペイン語文化圏の南米の作家たち、ガブリエル・ガルシア＝マルケス（コロンビア）やアレッホ・カルペンティエール（キューバ）などは、それこそ目のくらむような食卓の風景を、作品のなかにたびたび描いています。

「薄い銀のナイフ。細身の銀のナイフ。銀の底に掘りつけられた銀の樹木の茂みに、ステーキのたれが降り注ぐ、銀の皿。銀の柘榴の実をいただいた三個の円形の台からなる、銀の果物皿。銀細工師が丹精こめて打った、銀の酒壺。もつれあった藻の上に大ぶりな銀の鯛を泳がせている、銀の魚皿。銀の塩入れ。銀の胡桃割り。イニシャルで飾られた銀のティースプーン……。」（カルペンティエール『バロック協奏曲』鼓直訳。サンリオSF文庫）。

描かれる色彩は銀の一色だけなのに、そこには文字どおり、目くるめく鮮やかな映像が浮かんできますね。


ところで、食事の満足度は、食空間が七〇％、食卓の装飾が二五％、料理が五％といわれています。これらの空間すべての色彩がわれわれの味覚に影響を及ぼすと考えれば、「イカ墨のパエリア」の美味しさにも納得がいきます。

料理にどれほど飾り気がなくても、どこまでも青い地中海や、赤いタータンチェックのテーブルクロス、そして色鮮やかに並ぶ野菜や果物……すべてが、この料理をもり立てるものとなったはずですから。

13

北アメリカ

合衆国とカナダ

サラダボウル

残る北アメリカにあるのは、面積が世界第二位のカナダと三位のアメリカ合衆国の二つだけです（以下、アメリカ合衆国はアメリカと略記します）。この両国の国境は、東半分が五大湖とそこから大西洋に流れ下るセントローレンス川流域、西半分がイギリスとアメリカの交渉で決まった北緯四九度線で、世界最長の二国間国境です。

アメリカはメイフラワー号から一五六年後の一七七六年に、東部の一三州がイギリスと戦って独立した国です。以来、原住民の土地を次々に収用する一方、フランスから一五〇〇万ドルでミシシッピ川流域を買収、スペインから五〇〇万ドルでフロリダを買収、メキシコから独立したテキサス共和国を併合、そのメキシコと戦ってニューメキシコとカリフォルニアを獲得、ロシアから七二〇万ドル（平方キロあたり五ドル！）でアラスカを買収、互恵条約関係だったハワイ共和国を併合、スペインと戦ってプエルトリコやグァムを入手して、現在の形になりました。

そのようにして拡大した国土に、世界第三位の三・二億人が住んでおり、その人々のバックグラウンドはまことにさまざまです。まず、ネイティヴ・アメリカンがいます。以前は「インディアン」でしたが、「インドの人々」はコロンブスの錯覚による命名ですし、蔑称的響きも帯びたため、「元からのアメリカ人」ならニュートラルでよかろうと、呼称が変わりました。次にアフリカからの黒人で、同様に今はブラック・アメリカン、あるいはアフロ・アメリカンと言われます。そして移民はごく大まかに、図表13－1のような内容です。

一八世紀		イギリス人	＝ 原移民
一九世紀前半		西欧・北欧人（目立つのはジャガ芋飢饉のアイルランド人）	＝ 旧移民
	後半	中国人	＝ 労働移民
二〇世紀前半		東欧・南欧人（目立つのはロシア・東欧からのユダヤ人）	＝ 新移民
	後半	中南米人・アジア人	＝ 新々移民

図表13－1　アメリカへの移民

　元からの人、連れて来られた人、自分から来た人、これらの人々の子孫が混じりあっているわけです。そのためこの国はかつて、「メルティングポット（るつぼ）」と形容されましたけれども、坩堝《るつぼ》の中みたいに溶けあってはいないからと、現在ではそれぞれが味を保ったまま同居する、サラダボウルになぞらえられます。そのサラダボウル性は、食の分野にもあらわれています。

ボウルの中味

ネイティヴ・アメリカンに由来する食物のうち、もっとも知られているのはビーフジャーキーでしょう。ジャークは「保存用に薄く細長く切って乾燥させる」動詞であり、そのまま名詞で「干肉」、その後ジャーキーになりました。今はビーフ、昔はバッファローでした。ペミカンは、その野牛の肉を潰し、ドライフルーツとともに獣脂で固めた保存食です。料理の代表は、豆ととうもろこしを獣脂と煮込んだサコタッシュです。

ブラック・アメリカンの食物は、ソウル（魂の）フードと呼ばれます。英和辞典にさえその例として載っているほど有名なのがチタリングス、「煮たり揚げたりして料理した豚などの小腸」、まあホルモンの煮込みです。挽割りとうもろこしの衣をつけて揚げた魚や、塩漬け豚肉と野菜を煮たスープのポットリカーも挙げられます。

ヨーロッパ発の料理はいろいろですが、アメリカに来たのは豊かでない人が多く、その人たちが故郷をしのんで作ったという感じのものがたくさんあります。前にふれたスパゲティ・ナポリタンはその一例です。

異彩を放つのはケイジャン料理です。カナダ東南部からアメリカ東北部にかけては、古くはアケイディアと呼ばれ、主にフランス人が入植していました。イギリスとフランスの争いの結果、その住人の一部がルイジアナ地方に移住し、そこで作ったのがアケイディアン、訛《なま》ってケイジャン料理です。その典型が、チリペッパーの利いた肉や野菜の炊込みごはんのジャンバラヤです。内容からわかるとおり、スペイン料理のパエーリャが元になっています。フランス料理のブイヤベースを元にした、魚のゴッタ煮スープのフィッシュチャウダーもあります。

ここでのクレオルとケイジャンの関係は、「洗練されているのがクレオル、素朴なのがケイジャン」とか、「ルイジアナ側のがクレオル、ミシシッピ側のがケイジャン」とか説明されますが、「クレオルのうちルイジアナ周辺のがケイジャン」くらいが妥当ではないでしょうか。ニューオーリンズで食べたジャンバラヤやざりがにの水煮は、アメリカとも思えない？ほどのおいしさでした。

以前はアメリカで中国料理と言えば、チョプスイが定番でした。要するに肉野菜炒めで、ライスを添えるか、ライスにかけるかして食べます。大陸横断などの鉄道工事現場で働いた、中国からの移民が作って食べたのが始まりの料理です。ヴェトナム戦争後は、フーナン料理が増えています。ヴェトナムに近い湖南省の料理であり、四川菜系に含まれますが、いわゆる四川菜よりは全般的に優しい仕立てです。

中南米からの料理では、何といってもテックス・メックスでしょう。メキシコの料理がリオグランデ川を越えてテキサスに入り、定着したものです。炒めた挽肉と玉葱を豆に加え、トマトピューレとチリパウダーを入れて煮込んだチリ・コン・カルネ、それをトルティーヤチップスに載せ、チーズをかけて焼いたナチョス、牛肉や鶏肉の薄切りと野菜を焼いてトルティーヤに載せたファヒータが、顔ぶれの一端です。

アメリカの日本料理は鉄板焼きから、といっても過言ではないと思います。両手の金属ヘラをオーバーアクション気味に操る、料理人のパフォーマンスがウケました。焼き手は日本人にかぎらず、また男ともかぎりません。黒人の女性が「ハイッ！」とそれだけは日本語で、客の皿に肉や野菜を勢いよく載せました。しばらくあとにスシが広まり始めました。アヴォカド・胡瓜・蟹蒲《かにかま》のカリフォルニア・ロール、鮪《まぐろ》の掻《か》き身にチリパウダーのスパイシー・

ツナロール、揚げたソフトシェルクラブのスパイダーロール、といった巻きものが人気を集めています。

前章で見た中南米では、単一の植民者料理が単一の原住民料理に重なって、そこにクレオル料理が生じていました。アメリカというサラダボウルの中では、そのような一対一の関係ではなく、何波もの植民者料理が原住民料理を脇に押しやりつつ重なりあい、今日に至っています。そうした状況の中で生まれるか育つかした、いかにもアメリカ的なものを幾つか挙げてみましょう。

アメリカ生まれ、または育ち

その一。アズ・アメリカン・アズ・アップルパイ（アップルパイぐらいアメリカ的）という表現があるくらい、アップルパイはアメリカ的です。アメリカ人にとって神聖にして侵すべからざるものが三つある。一つはマザー（母親）、一つはスターズアンドストライプス（星条旗）、そしてもう一つはアップルパイ……

その二。平たい挽肉団子のハンバーグステーキは、ドイツのハンブルクの船乗りが、ロシアから持ち帰った生挽肉料理を焼いたのが始まりで、アメリカではそこからジャーマンステーキと名前がつきました。ドイツと戦争したあいだはリバティステーキに変わりました。イラク戦争のときに、反対したフランスが気に食わないから、フレンチフライをフリーダムフライにしたのに似ています。

その三。一九二四年に、アメリカとの国境に近いメキシコの町ティファナの店で、シーザー・カルディーニという人が出したサラダは、卵とチーズとにんにくとオリーヴ油とウスターソースを混ぜたソースをロメーヌ菜にかけ、アンチョヴィとクルトンを加えたもので、ローマの英雄とは関わりなくシーザーサラダとして全国に広まりました。

その四。一一月第四木曜日の感謝祭に、ローストしてクランベリーソースで出される七面鳥は、英語の名前がターキーコックつまりトルコの鶏、フランス語の名前がコックダンドつまりインドの鶏です。日本で異国からの渡りものを「唐ナントカ」と呼んだように、イギリスやフランスではトルコとかインドとか言いました。

その五。混ぜもの飲料のカクテルは、一九二〇年代の禁酒法下で非合法に造った、質の悪いアルコール飲料の味をごまかすために発達しました。コック（雄鶏）テイル（尻尾）が雑種の馬を指し、それがマゼコゼの意味になり、ミックスドリンクに転じたようです。よくシェイクしたらメルティングポットのクチですね。

何年か住んで感じたアメリカの特色が三つあります。一つは癖のなさです。さまざまな背景を持つ人が寄り集まったところでは、癖のない、人当たりのよさが求められます。口当たりのよい、抵抗感のない、「まずくない」ものばかりになる原因がここにあります。

また一つは、わかりやすさです。人々は価値観も嗜好も異なっており、中身の質をうんぬんし始めたら収拾がつきません。測るのが難しいおいしさではなく、わかりやすい量や値段でアピールするのです。

そして一つは、地域差の（少）なさです。ネイティヴ・アメリカン以外は皆あとから入り込んだ人たちであり、その土地に根ざした伝統食を持っていないため、国土は広くても地方色は薄いわけです。先にふれたニューオーリンズなど、細かく見れば多少の地域特性はうかがえるものの、大づかみには似たような食が行きわたっています。

カナダ……東にシロップ、西に鮭

フランス人ジャック・カルチエの探険でフランス領となったのが一五三四年、フレンチ・インディアン戦争の結果イギリス領にかわったのが一七六三年、以後、自治領成立が一八六七年、外交的独立が一九三一年、主権独立が一九八二年、この間に一度もイギリスと戦わず、二〇〇年以上かけて一歩ずつ、穏やかに堅実に進んできました。

海岸線の長さは、二位のノルウェイの二倍半以上、だんぜん世界一です。アメリカとの国境沿いに一〇の州、北極圏側に三つの準州があり、州のうち大西洋岸や五大湖畔にイギリス系、ケベック地方にフランス系、太平洋岸に中国系、その中間に北欧系や東欧系が、主として住んでいます。

カナダといえばメイプルシロップですね。楓《かえで》の樹皮にあけた孔から滴る液を煮つめたものです。楓はカナダの「国木」で、国旗の中央にも葉が赤くデザインされており、この国はランド・オヴ・メイプルの異称を持ちます。

料理で名物は、ケベックのスィ・パート（六つのパイ）が第一かもしれません。牛や豚や兎や鶏の角切り肉の、パイ包みです。隣のオンタリオ州も、各種の具を生地に詰めたスラヴ系料理のピエロギを名物にしています。

ロッキー山脈からヴァンクーヴァー近くの太平洋まで流れるフレイザー川は、鮭で有名です。一九世紀末から二〇世紀初めにかけて、ざくざく獲れるこの川の鮭漁に、中国や日本からの移民が従事しました。鮭料理の代表であるスタッフトサモンは、角切りパンとベーコンや玉葱などを詰めた、鮭のフォイル焼きです。サモン・ジャーキーもあります。この地を初めて訪れた何年か前、河畔のレストランで、バター焼きしただけの大ぶりの切身にレモンを搾って食べ、そのかみの出稼ぎ移民漁師の孫は、会ったことのない祖父を偲びました。

北アメリカ

代表的な料理

〈合衆国〉

シーザーサラダ……ロメインレタス（ロメーヌ菜）を皿に敷き、シーザードレッシングをかけたサラダ。

このドレッシングは、ニンニク、塩、コショウ、レモン汁、オリーヴオイルなどでつくる。多くのばあい、パルメザンチーズ（粉）とクルトンを載せる。

さらに、ローストした鶏肉、エビ、ステーキ、サーモン、アンチョヴィなどを加えることも多い。

七月四日の独立記念日に、メキシコのティファナのレストラン「シーザーズ・プレイス」のオーナー（イタリア系のチェーザレ＝シーザー・カルディーニ）によって考案されたという（二〇八頁参照）。禁酒法時代の当時は、メキシコのこの町が酒類を求めるアメリカ人によってにぎわっていた。

その「おつまみとして？」ありあわせの素材でつくられた。

〈カナダ〉

メイプル・シロップのパンケーキ……国旗にもなっているメイプル（楓）シロップをかけたパンケーキ。

朝食にも。

人はなぜ食べすぎる？

健康にみる食

生きた人間＝身体をもつ人間にとって、食ともっとも密接な関係をもつ要素、それは健康ではないでしょうか。その健康を保つためには、栄養バランスの良い食事を、規則正しくとることが重要です。というわけで、自分がバランスよく食事をしているかどうか意識するために、「食事バランスガイド」の利用をお勧めしたいと思います。

これは、平成一七年に厚生労働省と農林水産省が共同で作成した「コマ」形のガイドで、一日に「何を」「どれだけ」食べたらよいかを考える目安となるものです。食事のバランスが崩れれば、コマは回らないことになります。

コマの上部から、主食、副菜、主菜、牛乳・乳製品、果物という五つのグループに分かれており、各グループで食べた分だけマスを塗れば、栄養バランスを自分で確認できる、便利な手引きとなっています。厚生労働省のＨＰでかんたんに閲覧できますから、ぜひいちど試してみてください。

ところで、先進国を中心に肥満者の数が増加しています。肥満を解消するためには、たんに栄養学的手法を取り入れるだけではなく、その人を取りまく食環境や、心理的要因の影響をも考慮しなくてはならないでしょう。

それでは、なぜ人は食べすぎるのか。その過食には、外発反応と、情動反応の、二つの心理的要因があります。前者は外的刺激によって引き起こされ、後者は内的な感情によって引き起こされます。内的感情にはいろいろありますが、そのなかでも怒り、悲しみ、緊張感や恐怖といった負の感情は、摂食を促進することがわかっています。逆に、喜びや安心感といった感情に満ちているばあいは、空腹感をあまり感じないようです。

どうすれば、こうした負の感情をコントロールし、食べすぎを止められるのか。肥満者の食行動を変える方法として、

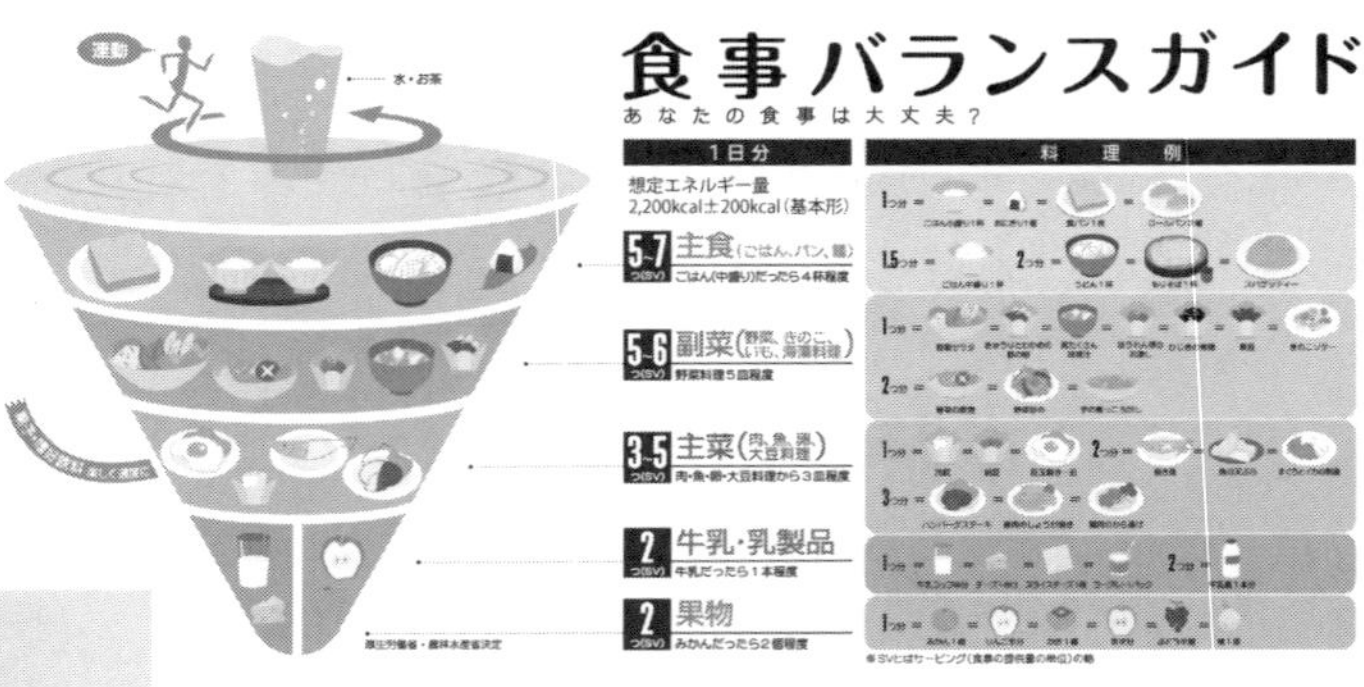

広島修道大学の今田純雄教授は、次の五点を提案しています。まずは、刺激から遠ざかること。すなわち、外発性の接触を抑制することです。

二つ目は、ダイエットなどを無理してしないということ。無理をすれば、ストレスになり、反動で過剰摂食を招きかねないからです。

三つ目は、「適度にふとめ」の良さをイメージすること。ややもするとモデル体型を目ざす若者は、摂食障害を起こすことになりかねません。

四つ目は、美味しく楽しく食べること。もちろん、心理的満足感を得るためです。

最後の五つ目は、食生活のリズムをつくること。具体的には、日常（ケ）と、非日常（ハレ）の区別をすることと説きます。「いつものごはん」と「スペシャルごはん」のメリハリをつけるわけですね。

今田教授はさらに、このように述べています。食卓を囲んで皆で同じものを食べ、安定的で固定的、言いかえれば単調で退屈な日々の連続のなかに、ときおりごちそうの日があった、そんな昔のような単調な食事の復活を提案したいと。

たしかに、海外などのさまざまな土地に旅をすると、われわれ日本人ほど日々の食事がバラエティに富んでいる民族はいないことが感じられます。しかし、毎日同じも

のを食べることで、味覚の感度が上がることもまた期待できるはずです。食べること
の日常性の意味を、もういちど考えてみる必要があるでしょう。

14

オセアニア
「南方大陸」と三つのネシア

アジアとの境「ウォレス線」

オセアニアとはオセアン（オーシャン）にイア（状態を表わす語尾）がついた言葉で、「大洋州」と訳されます。この「大洋」は太平洋であり、要するに太平洋地域の意味です。太平洋には多くの陸地が浮かんでいて、日本もその一部ですが、日本やフィリピンやインドネシアなどは、オセアニアに含まれません。オセアニアは図表14－1のように整理されます。

島々が立てこむ西南太平洋では、どこがアジアとオセアニアの境目なのでしょうか。

インドネシアの首都ジャカルタがある長いジャワ島の東に、観光地として有名な、小さなバリ島があります。そこまでがアジアで、その東隣の小さいロンボク島からがオセアニアとされています。ここで、動物や鳥や虫や貝の分布がガクンと違うのを、イギリスのウォレスという学者が見つけました。

そのロンボク海峡から、北の大きなカリマンタン（ボルネオ）島とスラウェシ（セレベス）島のあ

大陸部	オーストラリア（タスマニアを含む）
島嶼部	ポリネシア（ニュージーランドほか） メラネシア（パプアニューギニアほか） ミクロネシア（グァムほか）

図表14－1
オセアニアの陸地

いだのマカッサル海峡、さらにその北のミンダナオ島の南側から東側へ、この線が生態上の境目であり、彼の名を取ってウォレス線と呼ばれます。それなら確かに、フィリピンすべてと、インドネシアの主要部分はオセアニアになりません。分布が違うのは、昔はその線から西がアジアと地続きのスンダランド、東がオーストラリアと地続きのサヘルランドという、別の陸地だったからだそうです。陸地を系統図状にまとめたのが図表14－2です。ロンボク海峡の幅は二〇キロくらいしかありません。バリ島側からこの海峡を見たとき、「う〜む、一億八〇〇〇万年か」と、何やら雄大な気分になりました。

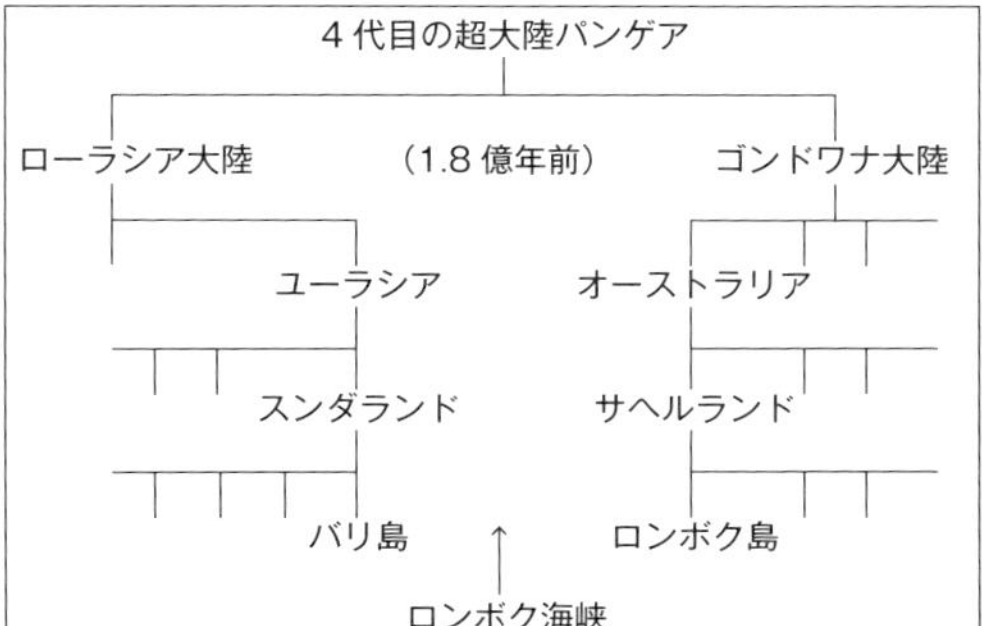

図表14－2　アジアとオセアニアの境界

とにかくバーベキュー

アメリカは西廻りにインドへ行こうとした航海で「発見」されましたが、オーストラリアは「伝説の南方大陸テラ・アウストラリス」を求めた航海で「発見」されました。コロンブスから一〇〇年以上経った一六〇六年に、オランダ人ウィレム・ヤンツがインド洋側から西海岸に達し、それからさらに一五〇年以上経った一七七〇年に、イギリス人ジェームズ・クックが、大西洋・太平洋経由で東海岸に着きました。

今の住民の大半はイギリスを中心とするヨーロッパ系、しかしカナダにならった多文化主義政策により、アジア系が増加中です。アボリジニと呼ばれる先住民も二%います。食はそれを反映して、料理も酒も菓子も乳製品も、どこ発のでも何でもある、というのが第一の特色です。日本の二〇倍以上の土地、六分の一以下の人口、それを反映してかどれもすべてのびやかな味、というのが第二の特色です。

料理としてはとにかくまず、バーベキューを挙げるべきでしょう。誰にでもわかりやすく親しみやすく、作りやすく食べやすい、オーストラリアの国民的料理です。世界各地で行われる直火焼きのこの名前は、西インド諸島で炙《あぶ》るのに使う、木枠のバルバコアに由来します。本家はカリブ海なんですね。

食材としてはオージービーフが有名です。オージーは言うまでもなくオーストラリア人、またはオーストラリアを指す口語です。基本的に牧草（グラス）で育てた（フェッド）かための赤身ですが、穀物（グレイン）を餌とするやわらかめの霜降りも（最近では和牛も）育てるようになりました。

ラム・ローストも、典型的なオーストラリア料理です。何せ人間の三・三倍もの数の羊を飼っている国のこと、その焙《あぶ》り焼きが名物なのは自然です。

代表的なお菓子は、パヴロヴァです。メレンゲにバナナや苺などのフルーツとクリームを載せたもので、ロシア人バレリーナのアンナ・パヴロヴァにちなむと伝えられます。アンザック・クリスピーというオート麦ビスケットは、第一次大戦で前線に送られた保存食品です。オーストラリア版の乾パンといったところですね。アンザック（ANZAC）とは、「オーストラリア・ニュージーランド軍団」のアクロニム（頭字語）で、軍隊と関係なくても、領国を併称するのに用いられます。

狩猟採集民だったアボリジニの食には、カンガルーや駝鳥《だちょう》に似たエミュー、ワニやとかげ、ダンパーというパンなどがあり、それらの食材を使うネイティヴ・オーストラリアン・レストランも見られます。カンガルーはサクサクした歯当たりで穏やかな味、ワニはもう少し噛みごたえがあるものの別に凶暴ではない味、と覚えています。

三つのネシア

「○○ネシア」でよく聞くネシアは、ギリシャ語のネソ（島）にイア（状態）がついた言葉です。ポリは「多くの」ですから、ポリネシアは「多くの島々（の一帯）」、メラは「黒い」ですから、メラネシアは「黒い（人たちの）島々（の一帯）」、ミクロは「小さい」ですから、ミクロネシアは「小さい島々（の一帯）」の意味です。

三つに分けられるのは、言語をはじめとする文化によります。おおよその範囲は、ポリネシアが北のハワイと西南のニュージーランドと東南のイースター島を結ぶ大三角形、メラネシアがそれ以外の赤道以南、ミクロネシアが以北です。

島は、火山か環礁かです。火山島は土でできているので農耕に適しており、そのため多くの人間を養えますが、環礁はモトが珊瑚《さんご》なので農耕には不適であり、そのため多くの人間は養えません。ポリネシアとメラネシアは大部分が火山島で人口が比較的多く、ミクロネシアは大部分が環礁島で人口が比較的少ないのです。

三つのうち距離的には遠くても気持ち的に日本に近しいのは、ポリネシアでしょう。ハワイがその筆頭です。住民は、白人系・日系・その他系・混血が四分の一ずつです。アメリカの五〇番目の州であり、日常の食は現代風ですが、土地の伝統的な料理はと訊けば、誰もが豚の石蒸し焼きと答えるに違いありません。

焼いた石の上に食材を置き、それに木の葉を載せて蒸し焼きにするのは、ハワイにかぎらずポリネシアにかぎらず、オセアニア（島嶼部）全体に共通する調理法です。肉のやわらかい仔豚がとくに好まれる、ハレの料理です。このカルアピッグのほか、肉や魚の切身をタロ芋の葉で包んで蒸し焼きにする、ラウラウもあります。

ポリネシア三角形のもう一つの頂点ニュージーランドは、オーストラリアと同じくイギリス連邦内の立憲君主国です。住民はイギリス系七〇％、先住民マオリ一五％、その他一五％で、ここでも「その他」が増加中です。食は基本的にイギリス流、代表はやはりラム・ローストになります。羊が人間の七倍近く住んでいるのです。私たちにもなじみのキウィは、この国の飛べない鳥の名です。果肉が緑色の果物は、それが一九五九年にアメリカに輸出さ

れるとき、国鳥にちなんでキウィフルーツと命名されたもので、生まれは中国、元の名をチャイニーズ・グーズベリーと申します。

フランス領ポリネシアは、タヒチ島のあるソシエテ諸島を中心とする島々です。住民は八三％がポリネシア人、一二％がフランスをはじめとするヨーロッパ人です。言語はフランス語、通貨はフラン、タヒチの首邑パペーテは、フランスが南太平洋に引っ越してきたような町です。オセアニアに共通の主食であるタロ芋やヤム芋のためか、ふくよかなご婦人が目立ちます。

距離的にも気持ち的にも近いのは、ミクロネシアでしょう。グァムがその筆頭です。グァムはアメリカの準州であり、一口によくグァム・サイパンと言われるもういっぽうのサイパンは、北隣の北マリアナ諸島連邦の主島です。

それらより東南に位置するミクロネシア連邦のポナペでは、「魅惑の酒」シャカオをご馳走になりました。コショウ科の木の根を叩き潰して水を加えたもので、酒とはいえアルコール分はなく、酔った感じがするのは麻酔性があるからだそうです。ドロリとしたドロ色のシャカオは、ポナペ以外ではカヴァと呼ばれます。

ポナペから東へ、ハワイ方向に一五〇〇キロ行ったマーシャル群島は典型的な環礁島で、訪れて楽しいところでしたが、食の面では逆に西へ、フィリピン方向に三〇〇〇キロ行ったパラオ諸島のほうが話題豊富です。一つはこうもりで、姿煮などという料理もあります。一つはしゃこ貝で、生のままレモンで食べます。もう一つが椰子蟹《やしがに》で、シンプルな塩茹ででも中華風な仕立てでもおいしい、ヤドカリ科の大型甲殻類です。もっともよくお目にかかれるのはこの椰子蟹です。

距離的にも気持ち的にもやや遠いのが、メラネシアです。パプアニューギニア、ニューカレドニア、フィジーといった顔ぶれです。ここでは比較的陸地が広く、農耕民と漁撈民とが暮らしてきました。栽培ではヤム芋やマニオク、飼育では豚や鶏、狩猟ではこうもりや虫、そして一八世紀後半まではヒト、漁撈では珊瑚水域魚と外洋魚、採集では蟹や貝です。野天市でそれらを交換もしてきました。

日本はオセアニアに含まれない、と初めに書きましたけれども、日本も太平洋の島国なのは確かです。フィジーの町ナンディで有力者と食事したさい、「われわれオセアニックピープルは」と言われ、そのピープルが南の島の彼と北の島の自分を指すのに気づいて、感動した経験があります。南の島で釣れた鰹《かつお》を、共通する調理法の刺身にして、北の島で作った醤油をつけて食べながら、ネシアのピープルどうしで乾杯しました。

オセアニア

〈オーストラリア、ニュージーランド〉

パヴロヴァ……アンナ・パヴロヴァ（ロシアのバレリーナ。二〇世紀初めに活躍）がニュージーランドとオーストラリアを訪れたときにつくられたケーキ。メレンゲの華やかさはバレエの衣装、チュチュをイメージしたという。ミックス・ベリーをトッピングに用いるシンプルさ。

〈インドネシア（バリ島）〉

仔豚の蒸し焼き……バリ島は、イスラム圏のインドネシアのなかで、ヒンドゥー圏であるため、豚が食べられる。若い仔豚の腹にスパイス類や玉ネギ、ナッツなどを詰めて丸焼きに。皮の表面にはターメリックを塗り、パリパリに仕上げる。バリ島には連日のように祭礼があり、その料理もカラフルなものが多い。

代表的な料理

アイデンティティと男女格差

ジェンダーにみる食

インターネットでは、世界中の食情報に、昼夜を問わずアクセスできます。また現実的なグローバル化が進むなか、食はますます世界に発信されて、あちこちに拡がっています。先日は東京の小さなレストランで、本格的なペルー料理「セビーチェ」をいただくこともできました。人や物の流れが、こうした贅沢《ぜいたく》な時間を可能にしてくれています。

それでもやはり、食はそれぞれの大地にただよう空気のなかで味わいたい、そのことに優る方法はないように思います。コルシカ島のブロッチュ、ニューオーリンズのガンボ、ポルトガルのパステル・デ・ナタ……。現地で味わったこうした素朴な食たちは、空気や景色、そしてそこに息づく人々の生活感とともに、長年たった今でも忘れがたい感興を誘うのです。

ひるがえって見れば、食は人のアイデンティティを構成する、中心的要素のひとつだと考えられます。第2章でも間接的にふれましたが、極端な言い方をすれば、「食べること」ひとつひとつの行為がその人のアイデンティティを形成し、その自分と、社会的・文化的他者との違いを確認する作業となっているわけですね。

フランスに法律家でありながら美食家として、一八世紀から一九世紀にかけて活躍したブリア＝サヴァランという人がいます。中国料理に関する古典的名著『随園食単』の著者・袁枚《えんばい》がその方面の東の横綱だとするならば、ブリア＝サヴァランは、西の横綱です。（また中東ペルシャには、一一世紀のウマル・ハイヤームによる有名な『ルバイヤート』など、お酒へのすばらしい讃歌もありますが、ちょっと話がズレますね。この本は、岩波文庫でも刊行されています。）

ブリア＝サヴァランは、著書『美味礼賛（原題は味覚の生理学）』（岩波文庫）で、「ふだん何を食べているのか言ってごらんなさい、あなたがどんな人だか言ってみせましょう」という名言を残しています。食とアイデンティティの関わりを端的に示す表現として、とても有名です。ちなみに、フランスの哲学者ロラン・バルトが、この書籍にやや辛口の解説を加えた『バルト、〈味覚の生理学〉を読む』（みすず書房）もあります。どんな批評か気になる方は、ぜひ手に取ってみてください。

さて、食には、人と人との結束を進める力があるいっぽうで、たがいの排除に加担する力もあります。儀式に用いられる食は、その最たる例と言えるでしょう。あえていえば、グローバル化の進んだ現代にあっても、食とは国家、地域、人種、社会階級、ジェンダーなどにおける社会的不平等を反映するものと読み取ることもできます。

たとえば、ジェンダーと食を取りあげてみましょう。はるか昔から、食はどのように「ジェンダー化」されてきたのか。さまざまな論点がありますが、いまだ大きな課題として残っているのは、食に関わる男女の役割の不均衡だと思われます。じっさい、華やかな芸術家のようなシェフは男性に多く、日常の家庭料理は女性と結びつけられています。フランスのミシュランで星を獲得するレストランのシェフは、圧倒的に男性です。

二〇一三年のある調査[9]では、日本の家庭で夫が週一～二回炊事（料理）をする割合は、二一・一％です。一九九三年に行われた第一回目の調査では一九・八％なので、この二〇年でたった一・三ポイントしか増加していません。食事の支度に対する女性の負担が、あいかわらずきわめて大きいことがわかります。世界を眺めても、女性が作り男性が食べるという、同様な社会の構図が見てとれます。

こうした男女間の、異常ともいえる不均衡な役割分担は、たんなる食の問題として片づけられるものではありません。社会構造の変革を視野に入れた、若い世代への教育の問題であり、男女を超えた意識改革が欠かせないと思うのです。

食は、そうしたさまざまな社会的・歴史的、そして文化的な現象と現状を、これからも端的に示しつづけるはずです。

9 国立社会保障・人口問題研究所による第5回全国家庭動向調査（二〇一四年八月八日公表）より。

参考文献

エイミー・グプティル他『食の社会学　パラドクスから考える』NTT出版、二〇一六

あとがき

世界の食と文化を一冊に、などという野蛮なことは到底できない相談ですし、そもそも私ごときの手に負えるものではありません。それを共著で、と言われたときには困惑しました。ただ、大学の「食生活論」の講座で各地の食についての話をしているので、その内容をまとめれば序説の序説くらいの形にはなるかもしれないと考え、書き下ろしたのが本書です。

食や料理の分野では一般に、東の中国と西のフランスとが両横綱とされています。「世界の」と謳う書物においても、概してその二つにイタリアを加えたあたりの分量が多く、たとえば中東やアフリカや南アメリカは触れられていないか、いても簡単な程度にとどまっているようです。上記の講座「食生活論」ではそうした配分をせず、東西南北に分けたヨーロッパの比重がやや大きいものの、できるだけバランスをとって各地域を扱っており、この本もそれを反映した構成となっています。各地各様、人は言わば食の前で平等に、それぞれの幸せを求めているはずですから。結果として「食の広がりを一四等分して見えてくる地球の姿」みたいなものが、少しでも描けていればと思います。

それぞれの地域の説明部分を佐原が、コラムと代表的料理の部分を大岩が担当しました。有限会社アイデアベイスが素敵なイラストをたくさん寄せてくれました。編集部の川端博さんはタイトルを提案してコンセプトを示し、本の姿に仕立ててくれました。それにより「そうか、自分が書いたのはそういうものだったか」と、こちらが初めて気がつく感がありました。それぞれ御礼申し上げます。

二〇一八年八月

佐原秋生

佐原　秋生（さわら　しゅうせい）
料理評論家、名古屋外国語大学名誉教授、西武文理大学客員教授
著書『ヨーロッパ美食巡り』　（柴田書店）
『東京・パリ　レストラン案内』（講談社）
『ニッポンの外国人シェフたち』（入管協会）ほか
訳書『ガストロノミ』　（白水社）
『フランス高級レストランの世界』（大岩と共訳、中央公論新社）ほか

大岩　昌子（おおいわ　しょうこ）
名古屋外国語大学教授
著書『パラレル』　（白水社）
『60歳からのフランス語入門』（三修社）
『10日間でフランス語のスペルが読める』（駿河台出版社）
『日本人のための英語音声教育研究』（早美出版社）
『観光でフランス語』　（佐原と共著、三修社）ほか

食と文化の世界地図
名古屋外大新書 01

2018年8月31日　初版第1刷発行
2021年9月1日　第2版第3刷発行

著　者　佐原秋生
大岩昌子

発行者　亀山郁夫

発行所　名古屋外国語大学出版会
420-0197　愛知県日進市岩崎町竹ノ山57番地
電話　0561-74-1111（代表）
https://nufs-up.jp

イラスト　有限会社アイデアベイス
本文デザイン・組版・印刷・製本　株式会社荒川印刷

ISBN 978-4-908523-11-3